U0561291

WHAT IS PHILOSOPHY

¿

哲学是什么

José Ortega y Gasset

［西］何塞·奥尔特加·伊·加塞特 著

谢伯让 译

湖南人民出版社 · 长沙

推荐序
哲学的任务

何塞·奥尔特加·伊·加塞特《哲学是什么》一书所说的哲学思想延续了尼采的生命哲学，而弥补了亚里士多德、笛卡儿的抽象、思辨的哲学传统的不足。加塞特认为自己的哲学在一种全新且基本的意义下，是包含生活在内的。并不是哲学理论首先发现哲学活动，而是正在进行哲学活动的哲学家在生命过程中创造了哲学理论。所以，学习哲学理论必须回到进行哲学活动之时的生命体验中来。

关于哲学的任务，作者加塞特所说甚具见地。哲学的任务就是要采取某种观点，来面对所有问题。例如关于"所有的存在"包含哪些事物？"所有的存在"是否真的能够成为一个整体，也就是宇宙？或者说"任何的存在"（Whatever there is）是否能够形成许多不同的整体，也就是多元宇宙？"任何的存在"是否是在本质上可理解的？

而这么做并不是要解决这些问题，而是让大家以正面的方式来接受某些无法解决的根本问题。这就是哲学和科学不同的地方。人类对宇宙和整体世界的好奇，也就是哲学的根究竟从何而来？这样的哲学的好奇心其实是心灵活动具有的天真自发的态度。我们无法逃避那终极的问题，无论我们喜欢与否，它都以各种不同的方式与我们共存，终极关怀是哲学的出发点。相对于此，"科学真理"是精确的，却也是不完整且次要的。"科学真理"以必然的方式存在于另一种完整且终极的实在之中，后者以概念思辨来进行就成为"哲学"，而假若出之于一种前概念的生命存在的实存形式，那就是"神话""诗"。

作者加塞特认为，哲学不喜欢像神秘主义那样将自己沉浸在深奥晦涩之中。哲学希望从深层之中浮出表面。和一般人以为哲学深奥晦涩的刻板印象不同，哲学其实非常地着重表面性。它极力想要把那些隐蔽的、神秘的事物以一种开放、清晰明确的方式带到表面上来。对于此点，海德格尔把哲学与诗结合成一个整体。海德格尔说："诗人就是听到事物之本然的人。"此中，海德格尔显然把哲学与诗结合成了一个整体，诗的惊异就是哲学的惊异，都是指人与存有相契合的"心境"或境界。惊异在海德格尔这里完全成了哲学和审美意识的灵魂和本质。海德格尔关于哲学的一个著名观点，就是自柏拉图以来的西方传统哲学，存有被遗忘了。海德格尔恢复了存有，思如诗，他也恢复了哲学的惊异，从而也恢复了哲学的生气和美妙，此即海德格尔所说的"哲学本质上就是某种令人惊异的东西"。

关于读哲学的方法，作者加塞特的说法很值得参考。哲学无法被阅读，哲学必须被深度体会——必须针对每一个词句进行反思、理解与领会，而这也就意味着，句子中的每一个字都必须被仔细地诠释。然后，吾人不能只是满足于观察字的表面意义，而是针对每一个字，你都得深入，并将自己的生命沉浸其中，必须深究此中意义，并彻底理解它的结构与范围，如此，才能够在完全明白其内心秘密的姿态下重新进入一种自由解放的生命境界。

海德格尔的《哲学是什么》是本小书，不仅和加塞特此书同一标题，二书也有许多可以交叉比较之处。海德格尔的《哲学是什么》首先讨论追问"什么"是希腊哲学的开端，例如苏格拉底、柏拉图、亚里士多德总是在追问"美是什么""知识是什么""自然是什么""运动是什么"。然而"哲学是什么"的问题并不是一个致力于认识所谓的"哲学"的起源和发展的历史性的问题。海德格尔说："长期以来，人们往往把某物是什么这样一个问题当作关于本质的问题。"所以，"哲学是什么"等于是在问"哲学的本质是什么"。关于这个问题的回答，不同时代的哲学家有着不同的解答。

惊异在哲学中占有重要的地位。海德格尔和加塞特一样，在这方面做出了非常精辟的阐明。海德格尔说："说哲学开始于惊异，意思是：哲学本质上就是某种令人惊异的东西，而且哲学越成为它之所是，就越令人惊异。"这就明确告诉我们，惊异不只是哲学的开端，而且哲学存在的本质就是令人惊异。尤有进者，越是真正的哲学，越令人惊异。

海德格尔在《哲学是什么》中说："惊异是存有者的存有在其中敞开和为之而敞开的心境（Stimmung）。"海德格尔认为惊异就是惊异于人与存有的契合（Entsprechen，"适应""一致""协和"），或者说，人在与存有（Being）相契合的状态下感到惊异。这也就是加塞特此书所说的哲学之根本来自人类无法逃避的终极实在的问题。和加塞特此书对于"主体性"的反思一样，海德格尔认为在日常生活中，人一般总是采取主客关系的态度看待事物，把自己看作是主体，把他人和他物看作是客体，彼此互相对立，将他人和他物推开在外而求索其本质，这是遗忘了存有而在求索在场者的第一因和最普遍者。一旦有了人与存有相契合的感悟，人就聆听到了存有的声音或召唤（加塞特此书所说的终极实在），回到这个敞开和遮蔽同时存在的根源，因而感到一切都是新奇的，不同于平常所看到的事物，而这所谓新奇的事物实乃事物之本然。哲学就是与存有者的存有相契合。海德格尔说："哲学就是那种特别被接受并且自行展开的契合，对存有者之存有的劝说的契合。唯有当体验到了哲学如何，以及以何种方式成为哲学，我们才认识和知道哲学是什么。哲学以契合方式存在，契合乃是与存有者之存有的声音相协调。"这正如加塞特此书所说的，哲学的基本问题就是要定义我们所谓的"我们的生命"，就是要定义这个我们所面对之根本问题的存在方式，委实发人深省。

（德国慕尼黑大学哲学博士，台北大学中文系赖贤宗教授）

目录

推荐序 / 哲学的任务　　　　　　　　　　01

第一章　　　　　　　　　　　　　　001
　今日之哲学　　　　　　　　　　　　002
　导向真理的奇异旅程：真理的来临　　007
　以哲学阐明历史　　　　　　　　　　014

第二章　　　　　　　　　　　　　　019
　哲学之盛衰　　　　　　　　　　　　021
　世代的大戏　　　　　　　　　　　　023
　物理学的宏大胜利　　　　　　　　　030
　实用主义　　　　　　　　　　　　　035

第三章　　　　　　　　　　　　　　039
　我们的时代主题　　　　　　　　　　042
　作为一种纯粹象征主义的科学　　　　044
　科学的反叛　　　　　　　　　　　　049
　为何是哲学　　　　　　　　　　　　053
　科学与哲学知识的精确度　　　　　　059
　后记：知识的起源　　　　　　　　　061

I

第四章 066
关于宇宙或多元宇宙的知识 071
技术性问题与实用性问题 075
泛逻辑与必要理性 081

第五章 090
对哲学的需求 091
临现与共在 094
根本的存有 096
自律性与泛律性 100
神学家对神秘主义的辩护 107

第六章 116
理论与信念 117
愉悦 121
直觉证据 124
哲学问题的予料 137

第七章 142
宇宙之真理 144
笛卡儿的怀疑 149
作为终极理论依据之意识 160
如鹰一般的自我 165

第八章 168
主体性的发现 172
古老的"出神状态"与"精神论" 175
现代主体性的两个根源 180
基督教的超越性上帝 185

第九章 191
我们这个时代的主题 192
哲学的根本改革 198
宇宙的基本事实 202
我为世界，世界为我 212
每个人的生活 221

第十章 226
新实在论及关于实在的新概念 228
贫乏的自我 231
生活就是在世界中发现自我 236
生活就是决定自己的未来 242

第十一章 251
基本的实在就是我们的生活 252
生活的范畴 257
理论的生活 264
命运与自由 270

编后记 284

第一章

当我们面对艺术、爱或思想（ideas）时，我认为所有的纲领与宣言都没什么用处。就拿"思想"来说吧，只要一个人明确地、诚实地针对任何一个主题进行反思，那么这个人就必然可以和他周围的浮泛思想区分开来。这些浮泛的思想，就是所谓"群众的"或"流行的"意见；我们之所以会如此称呼这些浮泛的思想，其中缘由可能远超过你目前的认知。任何知性上的努力，都可以让我们脱离庸俗，它将引领我们穿越隐蔽且艰辛的道路，到达与世隔绝的境地，在那里，我们将发现自己浸淫在无数非凡的想法之中。这就是反思能够带给我们的结果。

现在，事前的宣示与计划已经为我们预示了这些结果，它为我们铲平了眼前的道路，揭露了原本应该由我们亲自去发掘的终点。然而，我们将会看到，当一个"思想"与

"引领至该思想的心路历程"之间失去联结时,该思想就会宛若孤岛般突兀,这样的思想便是最糟糕的一种抽象思想,而且令人难以理解。如果一个人在探索旅程的起点,就直接与大家分享他在这条艰巨道路之终点所希望发现的结果,他会获得什么?我们为什么要站在终点开始哲学的探究呢?

因此,我拒绝将我的这些演说内容转变成白纸黑字的教学大纲。我主张这一切应该从最初的原点开始,这个原点曾经是我过去的起点,它也可以是你们今天的起点。

今日之哲学

让我们以一个众所周知的事实为起点,这个事实就是,在当代世人的精神生活中,哲学所占有的地位已经和20世纪初哲学所扮演的角色大不相同。同样的,哲学家对自己的研究与专业所抱持的态度也有了改变。就像所有公开、外显的事实一样,哲学的当今地位可以通过一些可观察的方式呈现。例如,我们可以利用统计数字来比较现在和30年前的哲学类书籍的消费数量。大家都知道,几乎每个国家中,哲学类书籍的销售量都多过文学类书籍,而且在世界的各个角落,我们都可以发现世人对"思想科学"的好奇心正在日益增强。在意识的各种不同清晰层次之中，都可以感受到这样的好奇心，这样的渴求感来自以下两种因素：一是众人对思想有了新的需求，二是人们在思想中感受到某种令人满足的愉悦感。这两种因素的组合并非偶然：稍后我们将会看到，每一种来自内在（而非来自随机的外在刺激）的基本需求，都会伴随某种感官上的愉快反应。这种满足感官的愉悦便是快乐的表象。当一个人满足了自我的命运，当他实现了自我，并处在其应当存在的真实状态时，他一定会感到快乐。也因此，弗里德里希·施莱格尔[1]颠倒了命运和快乐之间的关系，他说："我们对自己感兴趣的东西具有天赋。"天赋，是人类在某方面所具有的卓越才能，它总是伴随着一种无上的喜悦。或许前面这句话对你现在来说仍然非常普通，但稍后在更多的证据支持下，我们会惊觉，原来每个人自身的命运才是他最大的愉悦所在。

和过去相比，我们所处的这个时代明显拥有一种哲学的宿命。也因此，人们愉快地享受哲学思考的过程——当哲学词汇在媒体上散播开来，人们会竖起耳朵仔细聆听；

---

1. 弗里德里希·施莱格尔（Friedrich Schlegel，1772—1829），德国作家、语言学家、文学理论家。德国浪漫主义早期的代表人物。

人们也会欣喜地围绕在哲学家的周围，就好像众人喜欢从探险家的口中听闻遥远异乡的各种奇闻逸事。

当我们将这个景象和大约一个世纪以前的情景进行比较，我们会惊讶于当代的哲学家和当代的哲学环境，这两者都有了改变。现今哲学家面对哲学的心理状态与早期哲学家的多产比起来完全相反。那么，我们将要探讨的第一个问题是，为什么我们接近哲学的心态和过去的哲学家截然不同？以这个讨论为起点，我们会逐步推进直至我们的目标，这个目标我现在还不会向各位明说，因为各位暂时还不能理解。然而，我们将会以同心圆的方式朝目标前进，这个过程就像是往圆心逼近，当同心圆的半径越来越小，推进过程中所产生的张力也将会越来越大。如果同心圆的最外围是冰冷、抽象、无关紧要的，那么趋近圆心之处则是令人惊讶的亲切宜人，甚至有一点可怜兮兮的——虽然依照我们接近它的方式，我们自己并不会这么认为。伟大的哲学问题必须运用策略且从深奥难懂的事物开始，我们将进而检视一些更直接的事物，那些与我们每个人的生命都最直接且切身相关的事物。我们将大胆挑战每个人心中对于生命的庸俗成见，并让大家明白这只不过是一种表象。我们将会戳破表象，进入我们生命的深层领域。在这个领域中，潜藏着与生命最紧密相连的秘密。这是一个与最深刻之自我有关的秘密，一个与生命本质有关的秘密。

不过我要重申，上述的一切绝对不是一种宣言，相反，这是我不得不采取的一种安全措施。而我会这么做，乃是因为这个慷慨且永不止息的城市为我送来了人数超乎预期的听众。这个城市永不止息的程度远超出人们的想象，而且，这是一种本质上的永不止息。在"哲学是什么"这样的标题下，我开出了一门学术课程，一门不折不扣的科学课程。我不知道有多少人误解了这个标题，而因此认为我打算要教授哲学的基础概论。所谓的哲学基础概论，就是以一种粗略且简化的方式来处理复杂的传统哲学问题。我必须澄清任何与此相关的错误认知，因为这种想法只会让你分心与迷失。我要做的事，其实与哲学概论完全相反：我将会针对哲学活动本身进行分析，也就是直接辨析哲思的过程。说也奇怪，就我所知，这样的分析还没有任何人做过。明确地说，至少没有人曾经以我们即将投入的这种毅力与决心进行过分析。

这个主题和一般大众有兴趣的主题相比，相距甚远，它是一件非常需要技术和专业兴趣的事，而且似乎只有哲学家才适合，至少在一开始的时候好像是如此。然而，如果我们在分析的过程中遇到了一些较为亲切的主题，如果我们在缜密的哲学探寻过程中，突然发现解决哲学问题，就像是希伯来人围攻耶利哥城及其最核心的玫瑰花园一样：不直接进攻，而是缓慢迂回地围困他们、逐步缩小包围的范围，并以激励的号角声将生命凝结于空气之中。正由于这些激昂的旋律，我们才得以在意识形态的围攻过程中，见识到这出思想大戏中的诸多问题。我希望这个过程中的张力能够一直持续下去，因为在这条我们开启的道路上，风景将会越来越迷人。从我们刚才提过的那些位于外围发现自己落入了一个与人类最密切相关，而且温暖又令人悸动的生命核心，并发现自己正探索的是发生在街头巷尾的问题，甚至是房里不可为外人道的事，那么我必须说，这是因为它本来就应该以那种方式存在，也是因为我学术性问题的专门性发展需要它，我并没有刻意主导、刻意追寻这些问题，它们也不是我事先思考、计划而来的。我唯一要宣告鼓吹的事恰好与此完全相反，我希望大家对那些超级复杂的问题进行专题式的深入分析。所以我仍是自由的，我保有可以随兴提出任何题目的自由度，不避讳那些可能让大家面临智性上的难题。

同时，我也必须尽最大的努力，让每个人都能理解我说的话，即使他们没有受过任何哲学训练。我一直认为，清晰明白的语言乃是哲学家应该表现出来的基本礼仪。除此之外，我们这个学科应该视"清晰明白的语言"为一种前所未有的荣耀，如此一来，所有的心灵才得以与之接触，当他们探索哲学时才不会苦无门路。这种方式和某些科学学科的做法非常不一样，在科学上发现的宝藏与外行人之间，往往存在着一只晦涩的专有名词构成的巨大怪兽，而且这样的情形有愈演愈烈的趋势。我认为，哲学家研究并追寻真理时，应该在方法学上采取极度严谨的态度，但是当他准备好要发表见解时，应避免自顾自地卖弄技巧，避免像展览厅中的大力士那般通过公然展示二头肌来自我娱乐。

导向真理的奇异旅程：真理的来临

我要告诉大家，对今日的我们来说，今日的哲学已大有异于前代。然而，这也就意味着，真理是会改变的。昨日的真理在今日的我们的眼中是错误的，同样的，今日的真理也将无法适用于明日。但是，这难道不会剥夺真理在我们心目中那种至高无上的特性吗？怀疑主义最广为人知的一个论证来自阿格里帕[1]所谓语言的象喻，毫无疑问，这是一个粗糙的论证，他认为，各种武断的异见之间绝对不会产生共鸣。当众人对真理的意见纷杂而且不断改变，当

---

1. 阿格里帕（Agrippa），1世纪左右的希腊怀疑主义哲学家。

众人信仰的主义不同而且互相冲突，就会产生怀疑。那么，让我们继续面对这个广为人知的怀疑论证。

你将有许多机会沉思真理出现的奇异过程。以万有引力为例，如果这个定律为真，那么毫无疑问，它应该一直为真。自从有物体以来，它们的运动一直遵循这个定律。然而，这个定律却要等到17世纪的某个晴朗日子，才被不列颠群岛的其中一个岛上的某个人发现。在未来的另一个晴朗日子里，人们有可能又会遗忘了这个定律，由于人们视这个定律为一个完备的真理，因此人们既不会否定这个定律，也不会修正这个定律，只是单纯地忘了它，就好像是回到了牛顿发现这个定律之前，那个从来没有人质疑过万有引力曾经存在的年代一样。

这个脆弱的特点，赋予了真理一种令人难以理解的双重身份。一方面，真理是永恒存在且不会变动的。但另一方面，当人类获取真理时，人类本身随着时间变动的特性也让真理具有了历史性，也就是真理在某个时间点被人类发现，也可能在另一个时间点消失。很明显，这种时间上的特性并不会影响真理本身，但是这个特性却会影响人类心目中的真理形象。换句话说，真正随着时间变动的，是我们用来知晓真理的心理活动。这种心理活动乃是真实的东西，它是时间流动中实实在在发生的变化。因此，真正具有历史性的,其实是我们知晓真理(或者遗忘真理)的这个事实。而这也正是令人感到神秘与不安的原因,因为只要通过我们的一个念头(而念头是无常且短暂的,它来自一个最易变的世界),就能捕捉到永恒且超越时间的事物。这意味着,念头乃是两个性质完全相反之世界的交会点。我们的念头不断生灭、流传、转变与屈从,同时,念头的内容,也就是思考的对象,却持续不变。二加二永远都是四,即使我们用来理解这个真理的认知活动消失之后,这个真理依然不会改变。然而,"真理一直是真理"这样的说法,仍然是不恰当的。因为,持续的存在(sempiternal existence)意味着某事物必须持续存在于时间序列之中。虽然这段时间极长,但是和蜉蝣生命存活的短暂时间相比,两者并无本质上的不同,它们终究都是一段时间。"持续"的这个特性,仍然逃脱不了时间的洪流,或多或少都会受到影响。

好吧,那就让我们这么说好了,真理并不持续一段长时间,也不持续一段短时间,真理是没有时间性的,它完全不存在于时间之流中。莱布尼茨[1]称时间是"永恒的真理"(veritas eternelles),我认为这是不恰当的,稍后我将会

---

1. 莱布尼茨(Leibniz,1646—1716),德国哲学家、数学家。

说明理由。如果说持恒（sempiternal）是持续存在于时间总长度之内，那么永恒（eternal）不但包括了所有的时间，它更存在于时间开始之前和时间结束之后。

我们必须用另一个夸张的修辞来描述它：这是超越时间的时间（superduration）。由于它非常特殊的特性，我们可以说时段的概念被保留了，同时，时段的概念也被消除了：永恒的存有就是存在于无限的时间中。换言之，无限的时间就只是一个单一的瞬间，它不持续，"它以一种同步且完整的方式完全拥有永无止境的生命"，这就是波伊提乌（Boëthius）为永恒所下的精致定义。真理与时间并没有正向的关系，它们之间的关系是"负向"的，换言之，真理完全不需要与时间扯上任何关系，真理没有任何时间上的特性，它全然地将自己摒除在时间之外。严格来说，"真理永远是真理"这句话，其措辞不当的程度并不亚于莱布尼茨在另一个情况下曾经举过的一个著名例子："绿色的正义"。在正义的概念主体上，并没有任何的记号或孔洞可以让"绿色"的特性与之挂钩。无论我们怎样尝试要把绿色的特性植入正义的概念中，它总是无法与之沾上边，就像是会不断从光滑的表面上滑开一样。无论怎样尝试结合它们，我们总是会失败，即使我们不断将两者相提并论，它们仍然毫无机会黏附在一起，而且还会顽固地彼此分离开来。

真理具有一种本质，就是"无时间性的存在"，而发现真理、思考真理、知晓真理、忽视真理、重现真理或遗忘真理的人类，则拥有另一种本质，就是"时间性的存在"。这两者之间的差异非常巨大，我们实在找不到其他东西可以与之比拟。然而，平心而论，如果我们仍然在使用"真理永远是真理"这样的词句，那是因为这种说法并不会带给我们什么有害的后果。它是错误的，却是无害且方便的错误。人类向来习惯以时间为背景来认识世界的各种事物，而多亏了这一句话，才让我们一窥人类认知真理的这种奇异方式。总而言之，当我们说"某件事物一直都是如此"时，我们等于是在宣称这件事物与时间变动毫无关系、完全不受时间的影响。在时间的范畴中，这种特质可以说是与"纯粹的非时间性"（purenontemporal）最为接近的一种性质，这是一种"非时间性"的准形态（quasi-form），以拉丁语来说的话，就是"species quaedam aeternitatis"。

因此，当柏拉图发现真理必须独立于时间范畴之外时［他称真理为"形相"（ideas）］，他就假设了另一个"超凡的类世界"（extramundane quasi-place）、一个超世的空间（supercelestial region）。虽然这样的假设会让柏拉图学说出现严重的后果，但我们必须承认，这种设想是非常具有想象力的。通过柏拉图的假设，我们可以用下列方式描述世界：人类所处的时间世界好比一个球体，它的周围环绕着一种与时间世界截然不同的气层，该气层中存在着"非时间性"，也就是不具时间性质的真理。但是请注意，在某个时候，真理（万有引力定律）从另一个世界渗进我们的世界，仿佛有一道裂缝开启并让它通过。真理有如陨石似的坠入人间与历史之中，这种"降临"的象征，撼动了所有承认上帝存在的宗教心灵深处。

但是，关于另一个世界的真理渗进我们这个世界的想法，却激起了一个极度明确且具有暗示性的问题，令人汗颜的是，还没有人透彻研究过这个问题。让真理有机会穿透而过的那道裂缝，正是人类的心灵。但是，如果万有引力这个真理和其他所有真理一样，是早就存在的、不具时间性质的真理，那么，我们为什么理解的是这个真理，而不是别的呢？为什么是某个特定的人在某个特定的日子发现？为什么没有人早一点或晚一点找到这个真理？又为什么不是别人发现这个真理？

很明显，这个真理和它所穿过的裂缝（人类的心灵）之间一定存在着一种不可或缺的关联性。每一件事必有其因。如果说在牛顿之前从来没有人发现万有引力定律，那么两者之间一定有某种密切的关联性。这到底是什么关联性呢？是两者之间的相似性吗？我们并不是要试着简化这个问题，恰恰相反，我们是要凸显它不可思议的力量。但一个人怎么可能和一个真理相似呢？无论是几何学上的真理，或是任何真理，都没有办法和人相似。毕达哥拉斯（Pythagoras）和他所发现的勾股定理之间有任何的相似之处吗？学生们或许会开玩笑地说，这个定理很像是毕达哥拉斯的裤子，因此会让人下意识联结这个定理与它的发现者。然而，毕达哥拉斯并不穿裤子，在那个年代中，穿裤子的是西徐亚人[1]，而西徐亚人却没有发现这个定理。

在此，我们第一次看到数个世纪以前的主流哲学与当代哲学之间的基本差异。这个差异在于，我们将某些非常基础的事物也列入考虑之中，例如：一个人与其所思、所见、所想象的对象非但毫无相似之处，两者间还有着属性上的不同。当我想着喜马拉雅山，无论是我本人或是我的思考动作本身，都和喜马拉雅山完全不相似。喜马拉雅山是一座占有广大空间的山峰，但我的思想既不是山峰，也不占有任何一丝空间。同样的，当我不想着喜马拉雅山，而改想着"18"这个数字时，无论是在我的意识、我的存在、我的精神，或是我的主观自我之中，我都找不到任何可能是"18"的东西。最后让我们锦上添花地总结一句：

---

1. 西徐亚人（Scythians），古伊朗的骑马游牧民族。

当我们思索"18",这个心智活动本身是单一且独特的。如果你不这么认为,那就请你告诉我它们之间的相似之处。他们很明显是两个完全异质的存在。

以哲学阐明历史

然而,如果历史这个学科希望成为一门严肃的科学,那它的基本任务就是要解释:为什么某一类的哲学思想或政治制度,只会被某些人在某些特定时空发现、发展与实践呢?在众多的哲学类别中,为什么康德会特别提出并彻底落实"批判主义"(criticism)呢?为了要解释、理解这样的现象,我们得画出双向对应表,其中的客观思想和相关主观状态(也就是能够思考的人)互相对应平衡,这个道理还不清楚吗?

但是各位不要误以为我们说的是基本相对主义,我们不能退回到那种琐碎的细节上,过去80年间,相对主义不断阻挠思想前进,在相对主义的架构下,每个真理都只是某些人的真理而已。"真理对每个人来说都有其价值"及"只有一两个人能在特定时间发觉真理"这两件事,完全是风马牛不相及。而且正因为这是两件截然不同的事,我们才更有必要相提并论,它们必须和谐共存以战胜那个令人烦厌的困惑：为什么"真理具有绝对价值"这个概念似乎与"历史上的人类思想总是不断改变"的现象并不相容？

我们必须认识到，思想的转变并不是"昨日的真理变成了今日的错误"，它代表的是人类前进的方向有了转变，并使人们发现更多与昨日不一样的真理。改变的并不是真理，而是人类本身。此外，由于人类改变，他们更可以从超世的空间中搜寻一系列正确而他们之前视而不见的真理。这就是历史最初步且基础的先验真理。这不就是人类的历史吗？

人的存在本质到底是什么？人类随着时间流动而在历史中改变的现象值得探究。人并不容易定义，因为人的变异性极大，且变异越大，历史学家定义人的概念越宽广，他就越能深入且精确地研究人。

康德是人，新几内亚的俾格米人（Pygmées）、澳大利亚的尼安德特人（Homo neanderthalensis）也是人。[1] 在人类极端变异的两端之间，一定存在着某种最小的共同特点；我们承认人类具有使其成为人的极限，此极限也一定是有边界的。

---

1. 此处有误，尼安德特人是生活在欧洲、近东和中亚地区的古人类，距今20万~30万年。因发现于德国尼安德特河谷的人类化石而得名，主要分布在欧洲与西亚，并非澳大利亚。

远古与中古时期对人都有最起码的定义。严格来说（这样说实在有些惭愧），我们并没有超越这个定义：人是理性的动物。我们同意这个定义，但什么是动物及理性，是我们一直感到头痛的难题。我们或许会说：为了方便历史研究，我们定义人类为"能够进行有意义的思考，且因此我们得以理解其思想的生物"吧。换言之，历史的基本假定是其所谈及的主体必须是能让人理解的。那么，事件或存在物一定要具备某种程度的真理，才有可能为人所理解。绝对的错误就不是如此，因为我们甚至无法理解它。就这个角度来看，历史的根本预设与相对主义完全背道而驰。当历史的研究主题是原始人，它会预设原始人的文化具有意义和真理，而且当某种文化具备这个特性，便将持续保留该特性。但如果这些生命（原始人）的思考与行为带给我们非常荒谬且不合理的印象，我们又该怎么办呢？此时，历史会重新检视它，为我们找出其中荒谬且不合理的原因。

若历史没有完成它内在的使命，它就不是历史，除非它了解人类在其所处时期的情形，无论是哪种人，即使是最原始的人类。但是，如果当代的人类过着无意义的生活，且他们的思想与行为没有合理的结构，历史就无法了解他们。通过这种方式，历史一定会合理解释所有阶段，而这和历史当初的趋势相反；我们以为历史会显示出人类反复不定的意见,并迫使我们接受相对主义,但相对主义的某些看法与"人类可以超越相对"及"不朽之宿命"的信念并不兼容。然而,当历史为每个人的角色都赋予了全面的意义,并为我们揭露了每个时代都曾经历过的终极真理,它征服了相对主义中各种与这些信念不兼容的看法。基于各种具体的理由,我希望"追寻永恒不变"与"追寻变化无常"的两种好奇心(前者为哲学、后者为历史),能够在我们这个时代中携手并进。

对笛卡儿[1]来说,人类是纯然理性、不会有变异的存在物。因此,对他来说,历史所关心的对象似乎是人类的"非人"特性。笛卡儿将这些特性归因于人类的罪恶意志,这种意志让我们放弃理性,并堕入次人类的殊途。对笛卡儿及18世纪的大众而言,历史毫无正面内容,它只不过代表人类种种的含混与错误。

另外,19世纪的历史理论与实证主义联手切离了自己与永恒价值的关系,以挽救不同时代的相对价值。然而,对于任何想要放弃时间与永恒这两种面向的冲动,我们的现代情感不断与之对抗,一切想要扭曲这种情感的动作都徒劳无功。这两者的结合,绝对是这个世代最伟大的哲学工作。为

---

1. 笛卡儿(Descartes,1596—1650),法国哲学家、数学家、物理学家。

了达到这个目标,我提出一个方法,喜欢赋予事物精致名称的德国人称这个方法为"透视主义"(perspectivism)。

1840年到1900年这段时间,可以说是人类历史中最不利于哲学发展的时期,这是反哲学的年代。如果有可能废除哲学的话,它毫无疑问会在那段时期彻底消失。然而,由于不可能从人类心灵根除哲学的倾向,那个年代只能让哲学萎缩至某个极限。接下来,这场我们正在参与的战役,仍是一场非常艰难的战役,它将着重于重建一套完备的哲学,并发展哲学至极致。

何以哲学会在那段时期萎缩?我们将在下一章为大家介绍一连串令人好奇的起因。

第二章

由于一些你们不需要知道的理由,我必须暂停我在大学里开设的课程。那不是一门轻松随意的课,它的缘起乃是我们心中严肃且强烈的欲望,希望探索各种崭新有趣的想法。我认为我不应该让这门课在刚起步时就夭折,或是因为一些无关紧要的因素而受影响,因此,你们今天才会看到我在这个非常不同的地点继续这门课。

我必须提醒大家两个非常关键的要点。第一,虽然我们的主题叫作"哲学是什么",但我并非要授予大家有关这个领域的基础概论。恰恰相反,我们会探讨整个哲学,也就是严密分析思索哲学的过程。为什么人的世界中会存在"哲学家"这种奇怪的生物?为什么人类的思想会存在"哲学"?正如你所见,这并不是大众喜欢的主题,而是一个充满技术性的主题。虽然说这些有点离经叛道,但我们不要忘了这是一门大学里的学术课程。当我为各位展示了未来的航线，旅程中的概念性岬角都将不假我手地自己显现出来。我一定会努力让每个人都能清楚明白我说的话，因为我曾经说过：清晰是哲学家应有的一种礼节。此外，虽然这个主题非常专业且充满技术性，但它同时要求我们必须以专业的心态、最直接且平常的语言来面对最平凡的问题，那就是如何定义并分析什么是"我们的生活"，其中包括了我们日复一日的生活本质。没错，这正是我们必须以极度精确之形式来定义的问题之一，我们笼统称为"日常生活"，也就是每天的生活质感。

第二，我之前曾经稍微提到，在哲学之中，直线并非总是最短的路径。伟大的哲学问题只有通过弯曲的路径，经由同心圆般逼近才可能解决，就像是希伯来人对付耶利哥城的方法一样。因此，所有我们可能接触的主题，甚至包括那些乍看之下非常文学的主题，都将会一次又一次地出现在这些同心圆中。每次出现，同心圆的半径会越来越窄，要求也会越来越高。你将不断发现许多第一眼看来只像是惯用语或是装饰性譬喻的想法，都会在稍后转变成严肃且艰难的问题。

第二章

哲学之盛衰

20世纪，哲学家改变了对自己的研究的态度。不过，我指的并不是"现在哲学的教义内涵与1900年或1910年的哲学不同"这件事，在当时，当哲学家发现自己的见解与过去的思想家不同时，他可以深入其中并详细阐述哲学的教义与内涵。如同我先前所说，19世纪的最后60年乃是最不利于哲学发展的时期。那是一个反哲学的年代。如果我们可以完全去除哲学，我绝对相信那个时代中的哲学会完全消失。然而，自哲学这个领域从人类文化觉醒的那刻起，它就不可能与人的心灵分离，因此，那个年代只能将哲学压抑至最小规模。反观此刻，我们可以见到当代哲学家在开展哲学研究时，都抱持着某种态度，其中包含着向哲学世界全速航行的清晰渴望，他们渴望见到全面、完备、完整发展的哲学，简言之，就是极大化的哲学。

当我们面对这种变化，我们应该很自然地自问：当时是如何产生哲学衰微和哲学心灵萎缩的？当哲学重新扩展并赋予自身崭新的信心，再次面对挑战时，经历这样的转变之后，哲学的发展又是如何？为了厘清这些问题，我们必须先定义这两个欧洲世代的心智结构。对于这些出现在历史表面的可见变化，我们要深入探索潜藏于人类灵魂深处的神秘改变，否则所有的解释都是肤浅的。就以我们针对上述变化提出的解释为例，对于我们讨论的主题而言，这个解释或许足够，但前提必须是我们要先认知到它的不足，我们必须认知到这个解释其实缺乏深刻的历史事实，它只是将历史的过程平铺于两个平面的面向之上罢了。

如果想要严肃深入探寻各种哲学、政治或艺术领域之思想变化的缘由，这是浩大的难题。这等于在探问时代为何改变？为何人类的所思所感会和百年前不同？为何人类文明不会在同一套思想和行为模式之下稳定且平静地延续？相反，为何人类文明总是会徘徊、不安、不忠于自我并逃离自身的过去？为何人类总是同样热衷改变内心与外表？一言以蔽之：为什么会有历史？

你应该已经预料到，我们将恭敬地避开这个崇高的问题。但是我们必须指出，历史学家至今都还未探索出历史之所以改变的最基本原因。一个或少数几个人所提出的新思想或新感受，并不足以导致历史和时代的巨变，就像是大西洋的颜色不会因为海边的画家将一抹朱红甩入海水中而改变一样。但是，当一大群人同时接受了新的想法，并随着新的感受群起共舞时，整个历史与时代的面貌就会染上新的色彩。不过，群众不会单单因为有人向他们传达奇异的思想，就轻易接受或响应它。那些新思想或感受一定早就以某种形态存于人的心灵之中，它们是内生于人心且准备就绪的。如果不是群众具有这种基本、自发的内心倾向，所有的传道者都将面临巨大的困难，就像在荒漠中传道。

因此，历史的变迁本身就预设了某一类型的人会以前无古人的姿态出现，也就是历史的变迁本身预设了世代的转变。好多年以前我开始对历史学家宣扬这个概念，我认为"世代"（generation）才是整个历史最重要的概念。新一代的历史学家已经诞生，因为德国的历史学家采纳了这个概念。

世代的大戏

这个世界发生任何重要的变化之前，当代的主流群众一定要先改变。一群群的年轻人之间一定会出现与过往不同、不再老朽且不再同质化的特征。这些群体构成了一个世代，在博物学家的用语中，这是被严格定义的词汇，它代表着人类的多样性（human variety）。这些群体的组成分子拥有独特的性质、倾向与偏好，这些特色让他们形成有别于先前世代的共同相貌。

我们都知道历史上的每个时刻都不只存在着一个世代，而是三个世代：青少年、成年人与老年人。而我上面所提出的概念，更是为此注入了一股瞬间的能量与戏剧般的活力。这意味着每个历史事实、每个"今日"，严格说起来都包含着三个历史事实，也就是三种不同的"今日"。换言之，每一个当下都富含了三种生气勃勃的面向，无论这三种面向彼此之间有无好感，它们总是同时存在且彼此相连，事实上由于它们截然不同，基本上乃是互怀敌意的。对其中一些人来说，"今日"指的是 20 岁，另一些人的"今日"则是 40 岁，还有些是 60 岁。正因为同一个"今日"竟由三种截然不同的生命形态构成，一出充满动态力量的戏剧便油然产生，当代生活及历史背景才会充满冲突与碰撞。当我们以这样的角度观察那些看似明确的历史时刻时，才能显现出隐藏的错误。乍看之下，1929 年似乎是单一的时间片段，但这个时段同时存在着小孩、成人和老人。"1929"这个数字因此产生了 3 倍的意义，同时，这 3 倍的意义又都囊括于这个数字之中。它是单一历史时刻的统合体，存在着三个不同的时代。

我们都是相同时代的人。我们都生活在同一个时间与环境中，但是形成时代的过程中，我们参与的时间点不尽相同。我们称相同时间点出现的事物为"同时"（coeval），而"同时代"（contemporary）并不是"同时"。历史中，区辨"同时"与"同时代"这两种状态是非常重要的。在

第二章

单一的一段外显时间片段中，嵌合三个彼此不同却都充满活力的世代，我通常称这个现象为"历史的根本时代错误"。正由于这种本质上的不平衡，历史才能够前进、改变、旋转与流动。如果所有"同时代"的人都是"同时"的，那么历史将宛如瘫痪般停止变动，如石化般静止于某个固定的姿势，任何激烈革新的可能性都将消失无踪。我曾经将同世代中的人们比喻成沙漠中的旅行商队，行走其中的人不得不一起前进，但同时他们又感到自愿与满足。对自己年代中的诗人与政治理念，对他们年轻时所见到的成功女性，甚至是自己在 25 岁时乐此不疲的走路方式，他们都忠诚不已。许多时候，他们会与其他外形奇特又引人好奇的旅行商队交会，即所谓的另一个世代。或许两者会在庆典上互相交流，但是在曲终人散、回到正常时光后，这种混乱的融合会再度分裂成两个有机体。每个个体都会神奇地辨认出自己所属团体的其他成员，就像每座山丘上的蚂蚁都能通过特殊气味辨识彼此。

"我们宿命地刻入了某个团体中，共享相同的年纪与生活风格，这实在令人感伤，而且这样的感伤迟早会降临在每个敏感的人身上。一个世代就是一群整合在一起的存在，或者你可以说，它是烙印在每个个体之中的生活形态。在某些原始的部落之中，不同时期的成员会通过不同的刺青辨别彼此。他们青春时期所风行的刺青样式，会永远在生命中留下刻痕。"

"就像所有的命运一样，这个命运也有它的弱点，只有具备天赋的人才能逃得过。有些人在晚年仍有毫不疲倦的活力和耐久不衰的青春，因此有机会在生命期限中重生两到三次。这些人充满时代先驱的色彩，新的世代会在他们身上感受到领先众人的兄长气质。但是，他们只是生物界所证实的法则之特例而已。"这种"需要感受到自己属于某个世代"的欲望是每个人的问题，这刚好可以当作"生活艺术"的例子。有些人认为这代表注定失败的厄运，但是，既然有些人可以从中逃脱并享有较长的青春，那么它必然是一种充满漏洞的命运、具有弹性变化的厄运，就像是伟大的柏格森（Bergson）所说的：一个可以改变的厄运（une fatalite modifiable）。如果你的时代，有某个相当典型的现象让你产生格格不入且无法释怀的感觉，那表示某一部分的你想要老去。所有的有机体，无论是个人或社会，都有一种可能变成奢逸欲望的倾向，那就是让永远革新的当下随风而逝，并在纯然惰性的唆使之下退回到自己习惯的过去。换言之，这是放任自己逐渐衰老。

当一个持续维持运动习惯的人到了 50 岁，通常会自我放松并停止运动。如果真的放松了，他就会失去之前所累积的一切。他的肌肉会失去弹性，同时也无可避免地老化。然而，如果他可以拒绝安逸，抵抗住最初那个放弃运动的欲望，并积极持续向前，他便会惊讶于自己的肌肉仍可保有出人意料的青春活力。这表示我们不应该向命运低头，使自己沦为某个世代的囚犯；相反，我们应该抵抗它，并不断以那些俯拾即是的各种青春生活来自我更新。不要忘了所有具有生命的事物都会相互感染。疾病会传染，健康也会传染；恶与善会传递蔓延，年轻与衰老亦复如是。现代生物学最富前景的一章，就是与再生有关的科学研究。在某些预设的环境与道德前提下，我们有可能在某个范围内延长青春，再也不需要出卖灵魂给魔鬼。那些提早老化的人，是因为他们自己想要如此，或说是因为他们不想继续生活，他们无法让自己充满活力。当人在自己的命运中寻不到根基，他就会成为自己生命的寄生虫，时间之流会将他拖回过去。

我们无法再延续青春时，可以潇洒地让出机会，尽管无法亲自体验新生活，仍可愉快地让别人享受。我们期望不同于现在的未来生活，并把青春与冲击不断的新意托付给未来。然而，许多成年人无法拥有这样的胸襟，过去不断拉扯他们，使他们觉得未来很痛苦。他们感觉青春虽离自己不远，却已不再属于自己；它几乎唾手可得，就差那么一步，就好像是挂在墙上的奖杯、长矛和盔甲——已成为暗淡且瘫痪的战利品。既然我们无法回到自己的青春时代，那就欢迎新一代的年轻人吧！

撒哈拉沙漠中流传着一句话，这句短短的谚语描述出沙漠的全景，刻画出人类、鸟类和野兽群聚于小绿洲旁的景象。这句话是这样说的："在井中喝水，然后让出你的位置。"就像我们之前提过的旅行商队，它们都是世代交替的象征。

这个与生命息息相关的忠告，事实上已远离了我们的旅程。我的本意是：环环相扣于当下的三个世代，正是激发出改变的根本原因。儿子的世代和父亲的世代有些不同，它象征新的级别，让人借此品尝存在的滋味。一般来说，儿子与父亲之间的差距不会太大，因此占领主导地位的是两个世代的共同核心，这样的架构下，儿子可以视自己的生活形态是父执辈的延续与完美化。然而，有时候两代的差距非常大，新一代很难发现自己与前一代的共同兴趣与利害关系，这时候，历史的危机就出现了。

我们的时代正好就是如此，而且世代间的差距很大。变化的发展过程是隐蔽的，但是时机成熟后，就会以迅雷不及掩耳的速度破茧而出，在短短数年之内，整个生活的形态就会全面改变。多年来，我不断预示这种即将到来的

第二章

全面转变,而我的努力却徒劳无功。众人谴责我,他们视我的预言是一种追求新奇的渴望。只有当各种事件都以它们的真实面貌显现出来,这些恶毒的评论才会平息。而现在,和我们切身相关的新生活终于……

不,新生活还没有到来。真正的转变将比我们目前所见的变化来得更激烈。它将彻底贯穿人类生活的各种深层领域。根据过去的经验,我知道我不应该告诉你们我预见的一切,因为这样做不但无法说服大家,而且会造成恐慌,因为众人无法理解它们,或者应该说,因为众人会严重误解它们。

目前我们所见的变化只是新时代到来之前的浪头。任何想要解救自己的人,都必须跳上这个浪头并驾驭前进。如果有人拒绝这么做,不愿意理解这些即将呈现的新生活面貌,他便会淹没在那些来自过去、避无可避的余波中,这种情况会扩及生活中的各种意义与面向,包括了知识分子或艺术家的作品、浪漫诗人的爱与情事,以及那些野心之人的政治生命等。

从上述这种世代的角度切入,的确很让人受用。但我目前说的,只不过是初步接触外在描述惊人且根本的事实而已。当我们准备好要检视"我们的生活"时,我们会以更活泼且深刻的方式来面对。而我们会这么勇敢无畏地称之为"我们的生活",或许是因为我们还不知道自己在说什么。

物理学的宏大胜利

我试着为大家指出19世纪的最后60年,导致哲学心灵萎缩、窄化,以及引领我们开展出今日健康且蓬勃发展之哲学的最直接推动力吧。

你会注意到,所有的科学或知识学科都有各自的主题、各自的了解对象(或者说它想要探索的对象),以及该学科特殊的求知方式。举例来说,数学所探索的对象是数字和数字的延伸,而生物学所探索的则是各种生物现象,两者截然不同。此外,数学和生物学的不同之处还包括认知的方式及知识的形式。对数学家来说,认知乃是一套严格的推理系统,用以推导、演绎出结论,而这套系统还必须奠基在正确的论据上才行。相对来说,生物学的内容则是以归纳法为主,这种方式是为了推估我们观察到的各种不精确的事实。若就它们的求知模式与知识形式来看,这两种科学可以说是非常不同,数学是一种模范典型,而生物学则非常粗糙。另一方面,数学令人困扰的地方在于,其理论所依据及探索的对象并非真实存在,正如笛卡儿与莱布尼茨所说:它们是"虚构的"(imaginary)。不过16世纪出现了新的知识学科,那就是伽利略的"新科学"(nuovo scienza)。它不但传承了数学的严格演绎法,同时,它的研究对象更是真实存在的事物,即恒星和宇宙中的星体。在人类思想的漫长演变过程中,这种知识学科还是第一次出现。这是第一门利用严格演绎法,同时又能证实观察到之事实的知识学科。换句话说,它同时包容两种不同标准的确定性:一是用来演绎出结论的纯粹推理,二是用来证实来自纯理论之结论的单纯感官观察。这两种标准坚若磐石的结合,构成新的求知方式,我们称之为"实验法",而这就是物理学的主要特征。

自那刻起,这得天独厚的科学学科显得特别不同,同时也吸引了许多最伟大的心灵,这些现象不让人感到奇怪。即使纯粹从理论的角度来看,物理学作为一种理论、一种严格的知识形态,它毫无疑问是智慧的奇迹。大家都知道,物理学的演绎结论和来自感官观察的实验结果并不全然相同,只是大略吻合,但由于两者极度近似,所以并不会阻碍科学的实际发展。

虽然物理学具有"实际的严谨性"和"通过感官事实的可验证性"这两个特征(别忘了一个可悲的事实,

就是宇宙中的恒星似乎总是依循天文学家提出的定律，在浩瀚苍穹中，以罕见的精确度运行在应当出现的时刻与位置上），但我们确定若只靠这两个特征，物理学还无法达到当前的非凡胜利。第三个特征出现时，物理学的求知方式才完全受到欢迎。这个特征是物理学的真理除具有严谨的理论外，更对人类的实际需求提供了非常大的帮助。通过对这些物理学真理的应用，人类可以介入大自然并使其为己所用。

物理学的第三个特征，就是它可以让人类掌控万物，但这个特征并不是优点，而且也无法判准理论或知识形态是否完美。在希腊，人们并不会因为一个理论带来丰沛的效益就趋之若鹜，但是在欧洲其他地方，这个特征和位居主流的人紧密结合，就是所谓的"资产阶级"（bourgeois）。这些人不喜欢哲学思考，也不追求理论思辨，他们只注重实际应用。资产阶级希望自己能够舒适地生活，并通过干预和改变世界达成目标。因此，资产阶级世代最引以为傲的，就是工业革命及许多对生活有益的技术发展，如医药、经济与行政系统等。物理学获得了无可比拟的尊荣，正是因为它发展出医药与机器。资产阶级钟情于物理学并不是由于智性上的好奇，而是由于物质上的需求。我们口中的"物理学帝国主义"，正是在这样的氛围下诞生的。

我们出生、受教的时代充满着这样的思维,我们似乎自然地忽视了知识形态的理论地位,并独厚那最能够帮助我们操控事物的知识形态。然而,一个新的世代循环正在我们之中成形,当我们看到物理学的优越性竟然是奠基在"实际效益为真理的判准"之上时,我们不再满意,并了解到若我们以这种操控万物为己用的技术,以及热烈追求舒适作为原则,它就跟其他的原则一样值得反省与怀疑。这种怀疑心驱使我们发现舒适只不过是主观的偏好,或者更直接地说,追求舒适乃是西方人200年来不断恣意妄为的善变欲望,在这当中并没有任何优越的特质可言。

有些人把追求舒适置于首位,有些人则认为这一点都不重要。当柏拉图全心建构理论(其思想成就了后来的物理学及物理学所带来的舒适),他和所有的希腊人一样过着艰苦的生活。和今日的交通、空调与居家环境相比,当时的生活环境简直就是原始无比。而同一时期的东亚人正在编织着令人心旷神怡的丝绸、制作实用的工具以及建造舒适至极的环境。柏拉图的雅典学院发展理论数学时,中国人发明了方便放在口袋的丝巾。

但是大家要注意,我们偏爱物理学的终极原因,其实是对舒适与便利的渴望，这种动机根本无法当作一个理论是否优越的判准。某些时代屈服于这样的渴望，其他时代没有。任何稍具洞见且有能力检视自己所处时代的人，都相信自己所预见的未来社会，人们对舒适与便利的热忱仅止于生活必需，而不会忘情地一味追求。人们把握这些舒适与便利，珍惜它们，并保存已成就的一切，虽然人们会试着让环境更加舒适便利，但他们不会过度热衷也不会出于一己之私，他们会这么做只是避免无谓的劳动，但这绝对称不上是贪图享乐。

追求舒适的渴望并不代表进步，它随机地散布在不同历史片段的各个层面中。如果有好奇的学者愿意对此进行研究，并探寻这些历史片段的共同点，结果一定非常有趣。换句话说，这项研究将说明人类热衷于舒适与便利的处境是什么。

我不知道这项研究的结果会如何。不过，我想要先凸显以下的巧合。历史上最热衷舒适生活的两个时代，就是近200年的欧洲和东亚的鼎盛时期。这是两个迥异的时代，那它们之间有什么相同点让它们都热衷于舒适生活呢？目前为止我只发现一点，就是当时主导欧洲的是"资产阶级"，他们是一群立志追求生活之凡俗面的人；至于东亚人，他们天生就是实利主义者（我只是闲聊地表达出我的印象，并无任何指控之意）。

实用主义

谈到知识的意义，资产阶级哲学家奥古斯特·孔德（Auguste Comte）说过一句名言："求知是为了预测未来，预测未来则是为了让行动有可能。"这种说法导致的结果，就是行动（当然是指有效益的行动）成为知识真伪的判准。19世纪末的伟大物理学家玻尔兹曼（Boltzmann）曾经这样说："决定事物真伪的最终判准，既不是逻辑，也不是哲学或形而上学；行动本身就足以决定一切。正因如此，我并不认为科技的胜利是自然科学所产生的简单次级沉淀物，相反，它乃是自然科学的逻辑实证。如果我们没有提出并完成那些实用的成就，我们根本不会知道如何进行思辨。除了那些能够产生实用效果的思辨方式之外，其他方法都是不正确的。"在《论实证精神》（*Discours Sur L'esprit Positif*）中，孔德提出了相同的看法，他认为是科技操控科学，而不是科学操控科技。根据他们的想法，效用并不是我们无法预见的沉淀物，不是真理所附赠的小费，相反，真理才是实际效用所形成的知识沉淀。过了不久，有种哲学思想在20世纪初应运而生，我们称之为"实用主义"

（pragmatism）。在美国人和蔼的尖酸语气中（这是每一个新兴族群的特质；新兴族群总像是一群"肆无忌惮的小孩"），北美的实用主义大胆宣称："成功才是处事的判准，除此之外别无真理。"这一宣称既是一种无所畏惧的率直，同时也是一种率直的无所畏惧，在这种宣称之下，北美大陆正式踏入了漫长的哲学历史中。

我们不要存有先入为主的顽固偏见，一味认为纯粹理论思辨必然优于实用性，并抹杀了实用主义作为哲学和整体生活观点所应得的赞赏。我们当下要努力的，正是要消除所有偏见，包括在科学与文化上对纯理论知识的疯狂喜爱和盲目追求。这乃是古代思想家（柏拉图与亚里士多德之后）与我们之间断然的分水岭，并俨然成为我们思索对象中最严肃的主题。当我们深入探讨关键的主题、准备定义"我们的生活"时，我们将会尽其所能地厘清存在的二重性，长久以来，它将我们的生活切分成"行动的生活"与"沉思的生活"，就像是马大与马利亚一般。[1]

我们在这里只是指出物理学的辉煌胜利并不是因为它是较为卓越的知识形态，它的胜利只不过是基于社会事实。社会对物理学产生兴趣，是因为它能带来丰富的效益，一

---

1. Martha 和 Mary，《圣经》中她们分别代表侍奉型与深思型两种基督徒。

个世纪以来，这项社会利益已让物理学的自信心膨胀到了极点。许多医生也有同样的毛病。没有人会当医学是各种科学学科中的楷模，然而，由于病老之人极度推崇医生，医生便因此对自己的职业与人格产生安全感，产生一种自大又缺乏理性的过分狂妄（魔术师在过去也曾有过这种备受推崇的日子）；毕竟，医生只是运用科学的成果，他通常不是科学家，也不是理论家。

在社会氛围中应运而生的好运，让人们自我膨胀、莽撞并充满侵略性。这些就是发生在当时物理学家身上的情况。也因为如此，欧洲的知识发展受到了将近100年的摧残。有些人称之为"实验室恐怖主义"。

物理学慑人的优越性使哲学家因为自己不是物理学家而感到羞耻。由于真正的哲学问题无法用物理学的方法处理，哲学家便放弃了解决这些问题的念头。他们扬弃了自己的哲学，极致压缩哲学，并毫无怨言地服侍物理学。当时的哲学家认为，唯一值得追寻的哲学主题，就是反思物理学发现的真理，换句话说，哲学只不过是关于知识的理论罢了。

康德是第一个以激进方式采取这种态度的人。他并不直接对伟大的宇宙问题感兴趣，却以小镇警长般的强制手腕，命令众人停止所有的哲学活动，即长达26个世纪的形而上学思考。他这么说:"暂停所有的哲学思考,直到我们找到以下的答案为止——综合判断(synthetic judgements)如何可能是先验的(a priori)?"对康德来说,先验的综合判断指的是物理学的内容,也就是物理与数学的科学真理。

但从这些描述来看,康德探讨的问题甚至称不上是关于知识的理论。他们的探讨起点,是那些已经存在的物理学知识。他们并不是在问:"知识是什么?"

第三章

我原本设定了讨论的边界,但是在上次的讨论中,我带领大家越过了这条线。我希望提出直接的理由(尽管这些理由或许不够充分),让大家知道为什么哲学的心灵会持续窄化、萎缩长达100年,它现在为什么又逐渐兴盛。目前为止,由于时间不足,我只探讨了第一点:哲学一直处于劣势,并不断受到物理学帝国主义的羞辱,以及实验室恐怖主义的恐吓。自然科学支配我们周围的氛围,而这些氛围则是决定我们人格的要素之一,就像是大气压力参与并决定人类的外在形态一样。如果失去了大气压力的作用与设限,古罗马诗人贺拉斯(Horatius)的想象就会成真:人类的头将顶到天空的星辰。换句话说,我们将会没有形态、不具边界,而且失去人性。我们每个人,都只有一半是自己,另一半则来自周围环境的形塑。如果后者能够与个体独特的气质适切结合，就可完全展现我们的人格，我们可以感受到来自环境的支持与肯定，同时获得内心力量的激励与鼓舞。当周遭的环境（它是我们的一部分）无法与我们友善共存，它便会迫使我们进入持续不断的挣扎与抽离状态。它会让我们忧郁，还会压抑我们的人格发展，使其无法顺利成长。后面这种现象，正是哲学家受到自然实验科学之暴虐压迫所展现出来的结果。

尽管我的言语听起来非常犀利，但我不需要说明，你们应该明白，无论在道德或智慧上，我都没有谴责科学家和哲学家的意思。毕竟，他们的确非得如此不可，而且他们也为那个时代创造出了许多非凡的成果。有许多新的哲学特质，都在那个受迫的谦卑时代中产生，就像希伯来人在巴比伦受奴役后，才变得更加细心、更加令人关注。我们早就清楚，哲学家遭受科学家的鄙视及诸多"哲学非科学"的指控后，如何从屈辱中发现快乐，或至少我觉得快乐；哲学家空手夺白刃，并还治其人之身地说：哲学并不是科学，因为它超越了科学。

但我们现在得自问，到底是什么原因使哲学家对哲学产生崭新的热情，并对自己研究的意义有了信心？是什么原因让我们可以毫无畏惧、毫不偏颇地在坚定的气氛中成为自豪、大胆且快乐的哲学家？

在我看来，有两个重大的事件促成了这项转变。

我们知道，哲学曾被贬为单纯的知识理论。1860年到1920年间出版的大部分哲学书籍，也都以"知识论"自称。同时，我还注意到令人惊讶的事实，在这些号称是知识论的书籍中，竟然很难找到有人曾认真探讨过"知识是什么"，这实在是巨大的遗漏。很显然我们见到了"周遭压力使人盲目"的例子，这种情况下，人们会认为一些原本应该讨论的前提是理所当然且无须争辩的事实。这些盲目的例子随着时代变迁有所不同，但它们总是会出现，而我们的时代也有我们自己的盲目之处。稍后，我们将会见到生活总是奠基在某些前提下，我们会仔细探究其中的原因。这些前提就好比是我们立足的土地，或者也可以称作是我们的出发点。

这种情况在各个领域也都如此，包括了科学、政治、伦理学及艺术等。每个思想的起源、每幅画的背后，都存在一些假设或常规，对那些提出思想的思想家，以及描绘出景象的画家来说,这些假设都是极为基本且根深蒂固的，他们根本不会注意这些假设，也不会在自己的想法或绘画中多加介绍,我们便不会发现它们以任何伪装的姿态出现在画作与想法之中，它们只是不知不觉地被预设，并被理所当然地排除到一个不知不觉的地方。这便是为什么我们有时无法理解某个想法或画作的原因：因为我们缺乏解谜所需的要素，因为我们欠缺解开秘密前提的钥匙。

我们的时代主题

我要再重申一次，每个时代（更精确地说，应该是每个世代）的出发点都是奠基在一些假设上，这些假设或多或少都与其前后的其他世代有所不同。这表示，每个世代主流体系的真理与价值观，像是美学、道德、政治或宗教等，都在历史中占有不可磨灭的重要性。这些真理与价值观各自紧密关联着人类时间变化中的某一段过程。它们对某些人来说具有价值，而且只对这些人有。真理是具有历史性的。真理如何（事实上真理必须）"超越历史"，即绝对地超越历史，而不仅是相对地，乃是最大的问题。你们大都知道，对我来说，如何在可能的范畴内解决这个问题，正是这个时代的主要课题。

对19世纪中期的思想家来说，他们的血液中流有一个从来不曾讨论过，也无法提出来讨论的前提，这个前提就是：严格来说，世界上除了物理学以外，没有任何其他的知识可言，换言之，除了物理学的真理，不存在任何与真实事物有关的真理。之前我们曾稍微谈到，或许还有其他不同的"真理"存在，但反观这些"物理学之真理"，即使我们远观之，也的确发现它具有两项让人佩服的特质：它的精准性以及它的双重确信判准（理性演绎和观察实证）。然而，尽管这些特质非常动人，却仍不足以保证世界上不存在其他具有完美形式的真理，或者是比物理真理和物理科学更高层次的知识。为了确信这种可能性，我们必须彻底探究以下问题：当我们严格推敲"知道"这个动词的内在含义时，究竟哪种形式的知识才是我们能够认可的典范，才是真理的原形？只有当我们全然理解"知识"的意义时，我们才能知道人类拥有的各种知识碎片是不是真的符合"知识"的定义，或者只是大略接近而已。在完成这项探索之前，我们无法严肃讨论知识论，就像过去这些年来，哲学一直假装专注在这个问题上，但实际上，哲学根本还没有开始探索它。

当时，物理学不断成长，1880年以来，它的观察对象越来越广泛，而且发展程度也十分全面、完美与精确，甚至，物理学还察觉到有改革自身基本原则的必要性。抱持这种看法的人认为，修改理论系统意味着科学缺乏稳固性，而事实恰好相反。正因为伽利略与牛顿所提出的原理是正确的，才可能出现物理学的惊人发展，而当其发展达到某个极限，就必然得扩充和纯化那些基本原理。这就是物理学面临的"基本原理危机"，事实上，这是理论成长过程中最幸运的一种病征。我不明白为什么我们通常认为"危机"（crisis）代表悲哀。危机只不过是深刻且强烈的变化，它有可能让事物变得更坏，但也有可能变得更好。物理学面临的正是让事物变得更好的危机。

"基本原理危机"是科学已经成熟的最佳象征。当这个现象出现时，就表示科学对自己的确信程度达到了极致，并拥有足够的本钱提出基本原则并大胆修改，期望它们变得更有活力且稳固。人类理智上的活力和科学一样，视他能够包容、理解多少的怀疑和疑虑而定。稳固的理论绝不会有不曾对事物产生疑惑的天真自信。相反，怀疑使它茁壮成长。这不是盲目的信赖，而是在风雨中形成的坚定信心，一种由不自信的环境中锤炼而生的自信。这是毫无疑问的、击败不自信而产生的信心，它表现出一个人理智上的活力。相形之下，如果我们没有办法理解这些疑惑、无法击败并消弭这些不自信，精神衰弱就会随之而来。

作为一种纯粹象征主义的科学

物理学的基本原则是它立足的基础，也是物理学家活动的依据。当基本原则需要改革，一定得从外部而非内部开始。要翻动上层的土壤，就一定要站在更深一层的土地上才行。因此，物理学家发现自己必须对物理学进行哲学分析，而当时物理学界中最特别的事，就是物理学家都全神贯注地以哲学方法分析物理学。从庞加莱（Poincaré）、马赫（Mach）、迪昂（Duhem）等人，一直到爱因斯坦、外尔（Weyl），以及他们的学生和追随者，物理学家建立起有关物理知识的理论。当然，他们都受到过去哲学的诸多影响，但奇怪的地方是尽管哲学家夸大了物理学知识并认为它是知识的典型，但物理学家发现物理学乃是一种次等的知识，事实上，它是一种象征性的知识。

歌剧院的经理只要数一数来宾置衣间中的衣架使用数量，就可以算出有多少外套和大衣，再从这些数字推算，他就可以大略知道观众的人数。但他从头到尾都不必亲眼见到这些衣物和观众。

如果我们把物理学的内容和物理世界放在一起比较，我们会发现它们几乎没有任何相似性。就像截然不同的语言，只有通过翻译才能交流。物理学只是以象征性的方式对应到我们的世界。

我们怎么知道物理学是如此的呢？因为世界上还存在着许多可能的对应方式，就像我们会用各种不同的方法来处理事物。在某个严肃的场合，爱因斯坦对物理学的理论地位做出了以下总结:"科学的演化过程告诉我们,在众多可以想象的理论建构中,总是有一个理论让我们觉得特别优秀。每个曾经深入思考个中道理的人都承认,我们之所以实际、一致地选择某个理论系统,是由我们的感官世界决定的。然而,究竟该如何选择理论,事实上并没有任何逻辑判准。"

换句话说,许多理论都具有相同的适当性,之所以有人认为某个理论比较优秀,完全是基于一些实用的理由。尽管种种事实显示出某个理论的优越性,但是这些事实并不必然使它优越。

只有在某些情况下,物理学的原理原则才会接触到自然的现实面:实验。只要实验能够持续进行,就可以不断修正物理学的原则。实验,是我们介入大自然,并迫使它回应我们的方法。实验并不能让大自然以其原本的自然方式展现在我们面前,我们只能通过特定操作让大自然做出特定反应。因此,我要以下面这个正式声明来强调我的看法:人们所谓的物理实在性,只是依附的实在,不是绝对的实在。它仅是"类"实在(quasirealty),因为它必须是有条件且相对于人才成立。一言以蔽之,物理学所宣称的实在事物,乃是它执行了某项操作后产生的结果。只有通过操作的过程,才存在这种实在。

相较之下,哲学的探寻过程为我们展现出完全独立于人类行为的实在,特别是那些不依赖于此寻找行为的实在;事实上,我们所要寻找的"实在之完整度"才是决定我们行动的主因。

说起来令人羞愧,哲学家建立如此广泛的知识理论后,物理学家早就应该针对物理学的知识本质做出最终判定,他们应该让大家知道物理学不是典范知识,严格说来,它只是一种次等知识,这和它所希望突破的目标仍然有非常大的差距。

所以这些科学为求进展,尤其是物理学,应该在其局限中发掘自身概念的创造性基本原则。为了有所改进,它们不应该希望以不切实际的方式越过阴影,或是妄想超越自身局限,相反,它们应该乐于接受自身局限,应该拥抱并毫无怨悔地徜徉其中,唯有如此才有可能成功攀达高峰。然而在19世纪中,我们却见到世界的各个角落充斥着完全相反的态度。每个学科都向往自己拥有不受限制的生命,并希望变成别的学科。在那个世纪里,有一种音乐,也就是瓦格纳的音乐,并不满足自己只是音乐,它希望取代哲学,甚至取代宗教。在19世纪里,物理学期望成为形而上学,哲学渴望变成物理学。此外,诗词企图取代绘画与音乐,政治思想也不甘仅是政治思想,反而想要成为一种宗教信条，更荒谬的是，它还试图为人类带来快乐。

当各学科采取新的态度，并回到自己的领域与轨道之后，难道没有任何迹象显示人类又生起新的敏锐之心，且希望以完全不同于以往的方式解决生命的问题吗？有没有可能存在新的方式，通过这个方式，每个成员与个体都会接受自己的命运，徜徉其中，他们不会沉迷于四处游走的幻想，而是尽力充实自己真实且不可转移的轮廓直到最后？在此我先打住，之后我们再来讨论它。

物理学最近的萎缩情形，也影响了哲学的精神状态，它解放了哲学的心灵，并让它得以完成自身的使命。结束了对实验的偶像崇拜，物理学也退回到它应该运行的轨道，人类的心灵终于自由、开放地接受不同种类的求知方式，敏锐的触角也再次警觉到那些真正哲学的问题。

这种情形并没有让物理学失去光彩，恰恰相反，它凸显出物理学惊人的稳固性和丰富性。由于物理学清楚地知道自己身为一门科学具有的力量，它鄙视一切带有神秘优越色彩的欺世主张。物理学知道自己是象征形式的知识，但这种自知就已足够，这样仅然的自知，使今日的物理学成为最令人敬畏且关注的对象。如果欧洲真是文化之地（这个说法其实还要很久才会成真），那么群众一定每天守在报社前，等待物理研究的最新消息。物理学那如此丰富、崭新且美妙的发现如此贴近我们，它完全不夸大地预测出突如其来的新奇宇宙景象，也可以瞬间带领我们脱离那庇护众人已久的世界观，进入新颖的物理世界概念之中。这个情景就在我们每个人的眼前发生，或许当下某个惊人的新观念正在德国或英国某些人的脑中萌芽，我相信不论是我还是那些听我演说的有名物理学家，都不敢否认这种可能性。

科学的反叛

现在，我们明白了一个道理，原来让我们屈服于"科学真理"的根源，即屈服于那些符合物理学及相关原则的根源，其实就是迷信。

你们要记住，先前所描述的情景可以这么阐述：每门科学都要接受它自身的局限，并在限制中找出正面积极的方法。接下来，我要介绍一个事实，它将让大家进一步知道未来的方向：每门科学都要让自己独立于其他科学之外，换言之，它不会接受其他学科的支配。

再一次，物理学为我们提供了最适合且知名的范例。对伽利略而言，物理学的使命，乃是要"在一般几何学定理上"找出描述物体运行的特殊定律。伽利略从来不怀疑物理现象是否可能不受几何学定理的支配，因此，他没有花时间以实验证实大自然遵从欧式几何定理。伽利略相信几何学比物理学更具有优越的权威性，并认为这是不证自明且无可避免的，换句话说，他认为几何学乃是更高层次的物理学。爱因斯坦最伟大之处，在于他从自己的传统偏见中解放出来。当他观察到一些不遵循欧式几何定理的现象，并发现自己处于几何学权威与物理学专属领域的中间冲突地带时，他毫不犹豫地将支配权归属于物理学。与洛伦兹（Lorentz）比较起来，他们两人的决定分别展现出两种截然不同的心理形态。为了解释迈克耳孙（Michelson）的实验结果，洛伦兹依循了传统的脚步，他认为物理学应该屈从于几何学：物体必须收缩，才能维持几何空间的优越和完整。相较之下，爱因斯坦认为，几何学原则必须根据物理学和物体运作的现象进行调整才对。

我们经常在其他科学学科中看到同样的态度，但是我很惊讶从来没有人提出类似想法，尽管这是一个重要且放之四海而皆准的想法。

巴甫洛夫（Pavlov）的制约理论与黑林（Hering）的四色说就是两个当代的典型范例，他们试图建立一套能够独立于物理学与心理学之外的生理学理论。对他们而言，这些生物现象不会受到物理学与心理学事实的影响，而且这个领域也有它自己的独特研究方法。

这种新的科学态度在某个领域中表现得淋漓尽致，甚至发展到引起公愤的地步，这个领域就是数学。近代的数学服从于逻辑，两者几乎可以说是合而为一。但是荷兰裔的布劳维（Brouwer）发现，逻辑里的"排中律"对数学并无任何价值，他认为有必要建立一套"不受逻辑影响"、只忠于自己且不臣服于外来公理的数学。

观察到新思维这种倾向后，我们就不会讶异"反哲学权威之神学"的出现了。一直到最近为止，神学家总希望在哲学的理性规范里纳入神谕真理。他们不断试着将非理性的神秘转变成理性可理解的事物。然而，新出现的"辩证神学"则和这种迂腐的做法一刀两断，宣称"上帝之知"是独立且"完全"自主的。这种新的想法彻底翻转了神学家的态度。过去，神学家的专属任务就是要从人类及其科学规范的角度探讨神的启示，这也让神学成为一种以人类为中心的神学。而巴特（Barth）则扭转这个程序，建立了一套以神为中心的神学。

由于受限于自己那世俗的心，人类本来就无法理解上帝。人类只是"上帝之知"的被动接受者，只能够通过启示一点一滴接收上帝传来的知识。神学家的唯一任务，就是洗耳恭听上帝传递的真理。上帝传达的真理是任何人类真理都无法比拟的，同样的，这些真理也是独立的存在。这种形式的神学完全摆脱了哲学的支配。特别值得一提的是，这种神学的转变是从新教开始的，新教与天主教相比，前者的神学思想存在更深的人性化现象，也更屈从于哲学，也因此这种转变格外引人注目。

当代的科学趋势已和19世纪末南辕北辙。当时的每个科学学科都想宰制其他学科，并希望将自身的方法学强压在其他领域上，而其他学科也谦逊地容忍这种侵犯。现在，每门科学不但接受自身的缺点，更排斥其他学科可能为其创造定律的虚幻假象。

同样的情形也出现在政治与现代艺术中。

过去这几年，这些现象显示出理智形式最重要的特征。我相信它们可以开创出伟大的人类思想时期。不过得先克服以下困难：科学不能永远停在这种不受控制的独立状态中。各种科学必须努力保持它们好不容易赢来的珍贵资产，同时，它们还要彼此沟通，不让任何一门科学产生独大的支配现象，它们必须重新扎根于哲学才有机会。现在已有越来越多的科学家感觉到此急迫性，因为自身面对的迫切问题，他们发现自己不得不潜入哲学的大海。我们清楚地看到科学家正迈往这个新方向。

第三章

为何是哲学

在接下来的讨论中，我不能随意脱离主题而讨论科学的未来。我之所以告诉大家当今的科学发展，是要让大家明白，现在的理智氛围有利于回到哲学的伟大传统，矫正百年来的哲学萎缩倾向。这些公众意见如同潮流般环绕在我们四周，使哲学家产生新的勇气，再次独立并忠实于自身宿命的限制。

其实有另一个更有力的理由，可以说明为什么哲学重生的时机已经成熟。由于每门科学都倾向于接受本身的局限，并宣称自己的独立性，一种消极状态便随之而生，使得人们完全无法克服那些让哲学活动瘫痪百年的阻碍，这种消极状态既无法滋养该使命，也无法刺激它产生更大的能量。

那么，人们到底为什么要回归哲学？哲学为什么再一次成为人类的标准使命？很明显，人们回归某项事业的理由一定和第一次投入该事业的理由相同。如果不是如此，这种回归就缺乏诚意，沦为假意的虚伪行动。

我们不禁要问，人类当初为什么创造哲学？什么原因让人进行哲学思考？无论是昨天、今日或任何时期的人，我们一定要先审视这种我们称作哲学的东西，才有可能了解人类进行哲学活动的"缘由"。

从这个新角度观察，今日的知识形态显示出过去知识具备的所有特征，此外，在人类思考过程的形塑之下，今日的知识形态更展现出精确严格的新风貌。然而，如果由我们自己的眼光来看，重生的哲学又是什么样子呢？

接下来我将进行一连串公式化的描绘来回答这个问题。讨论的过程中，你们将逐步明白其中的意义。

有些人或许会先定义哲学是关于宇宙的知识。这个定义虽然精确，却让我们遗漏掉特殊的重要本质，就是理智上的英勇气概，哲学所特有的迷人气质。从实际层面来看，这个定义似乎和我们之前对物理学的定义十分相衬（我们定义物理学为有关物质的知识）。但事实上，哲学家与物理学家的处理方式截然不同，物理学家面对的是物质，哲学家面对的是宇宙。物理学家先定义出物质的形象与轮廓，接着试图了解其内部结构。同样的，数学家也是以类似的方式定义数字及其外延。所以说，所有科学的第一步都是先界定宇宙中的一小部分，先限定问题，限定完成之后，该问题也就不再是问题了。或者我们可以说，进行物理学与数学研究前，已知研究对象及其基本特性，因此研究的起始点并不是从问题开始，而是从一些已经定义完成或已经知道的事物开始。

第三章

相较之下，当哲学家展开探索时，他们就像"阿尔戈"号（Argo）船员一般勇敢无畏[1]，因为他们面对的宇宙乃是完全的未知。宇宙代表着巨大和广泛，以一种模糊且浩瀚的姿态隐含了不可说的概念：一切存有之物。当下的一切，就是宇宙。我们必须清楚地意识到，这一切之外别无他物，当我们思及"一切存有之物"这个概念时，我们并不知道"一切存有之物"是什么；我们唯一能够思索的就是一种反面概念，也就是通过否定的方式排除某种部分、碎片或片段的可能性。因此，哲学家和所有其他领域的科学家都不同，因为他们航向未知。我们所知的东西，不论或多或少，都只是宇宙的一小部分、小比例、小碎片。哲学家面对研究对象时，采取有别于其他所有专家的不同态度。哲学家并不知道其研究对象究竟为何，他所知道的只有：第一，他的研究对象不是任何已知的事物；第二，他的研究对象是一个完整的存在物，它是真实的整体，包含了一切，而且是唯一可以自给自足的存在。没有任何其他已知或可能的存在物具有如此特性。因此，宇宙基本上就是我们不知道的事物，关于它的正面内涵，我们完全一无所知。

如果继续推敲下去，我们可以这么说，所有其他学科

---

1. 在希腊神话中，"阿尔戈"号上的船员勇敢地出海寻找金羊毛。

的研究对象都是事先指定好的,但根本无法事先指定哲学的研究对象。由于哲学的研究对象是一个整体,而且无法指定,这就意味着在某种非常特殊的意义下,哲学必须寻求它的研究对象,并且是持续不断地寻求。一门学科在开始就必须寻求其研究对象,这并不是什么奇怪的事。如果一门学科在开始寻求研究对象与题材时就遭遇困难,那么和其他学科比较起来,这个学科一定拥有比较不平静的生命,乍看之下,它并不会走在康德所说的"安稳途径"(der sichere gang)上。哲学是一种纯粹的理论英雄主义,它永远都不会拥有确定而平稳的资产阶级时期。就像它的研究对象一样,哲学一直都是需要被寻求的普遍且绝对的学科。也因此,亚里士多德(我们这个领域中的第一位大师)称这个学科为哲学,意即被寻求的科学。

我们先前曾经下过这样的定义:哲学是有关宇宙的知识。即使我们如此定义哲学,这里的知识也和其他学科中的知识有不同的意义。如果我们从知识这个词的严格和最初意义来看,知识乃是解决问题的一种正面、确切的方法。换言之,知识就是通过研究者的主体心智完美剖析研究客体。如果知识仅是如此,那哲学绝不能受这样的定义限制。如果哲学发现宇宙的终极真实乃是由全然的无常构成,乃是由不可预测的非理性意志推动(事实上,叔本华认为他所发现的真相就是如此），那么这表示，主体绝不可能彻底剖析客体，因为智慧无法理解非理性的实在。即使哲学做出如此推论，它依旧是一种完美的哲学，和其他那些认为"存在是可思索且可理解"的哲学比较起来，我们的哲学一点也不逊色，而这就是所有理性主义的基本想法。

有鉴于此，我们必须捍卫"知识"这个词的意义，我们必须注意，如果"知识"指的是在概念上完全了解宇宙，那么视其接近理想的程度，我们对该知识有不同的评价。哲学必须先定义最极致的概念，同时，它也要能接受那些较次等的认知方式。当我定义哲学为关于宇宙的知识，我指的是理解这个由不同心智态度构成的完整体系，这个体系中，存在着人类对绝对知识的渴望和某种次第与秩序。为了让这套复杂的思想成为哲学，我们必须确保以下关键：心智对宇宙的响应也必须是全然的、整体的。一言以蔽之，这必须是个绝对的体系。

哲学的任务之一，就是要采取某种理论观点，以面对所有问题。这么做并不是要解决这些问题，而是以正面的方式让大家知道某些无法解决的问题。这就是哲学和科学不同的地方。当科学遭遇不可解的问题，它们会直接停止处理这些问题。相反，哲学从一开始就承认，这个世界本身可能就是不可解的问题。如何在大家面前完整呈现这个问题,则是哲学的任务,而这样的任务也正是哲学得以实现其主张的最佳机会。

对实用主义和各种科学而言,不可解的问题并不是问题,"不可解"对它们来说,就是无法用任何已知的方法解决。它们认为所谓的"问题"就是"可解决的",而由于解决方式涉及了某种行为上的操作,因此"问题"的定义,势必包含了"可行的"观念在内。实际上,实用主义正是以实际的作为取代所有理论。[还记得皮尔斯(Peirce)对实用主义的定义吗?]实用主义同时也是一种笃实的理论,通过它,科学的认知方法得以展现。这些科学的求知方式,保留了些许的实用态度,它不包含纯然的求知渴望,也不会接受没有极限的疑问。

大家想知道,人类对宇宙和整体世界的好奇,也就是哲学的根究竟从何而来吗?简单来说,专属于哲学的好奇心,其实是心灵活动具有的纯然自发态度。由生活中的一举一动,我们有时模糊、有时清楚地感觉到与我们息息相关的世界,并且,我们假设它是一个完整的世界。从事科学活动的人,包括数学家与科学家等,却切割了这个完整的世界。他们独立出世界的一小块,针对这一小部分提出他们的特殊问题。哲学身为一门有关宇宙的知识,如果无法发现同样形态的"科学真理",那么只能说是"科学真理"

的悲哀。

科学与哲学知识的精确度

科学真理的特点，在于其精确性与严格的假设。但实验科学虽赢得了这些令人景仰的特性，却必须付出代价：它势必只能研究一些次要问题，无法触及最关键性的终极问题。然而，也正由于这样的牺牲，科学才能做出重要的贡献，光是这一点，就值得我们为它喝彩。不过实验科学终究只是心灵与有机生命的其中一小部分，它的终点绝不是人类的极限。如果物理学家勾勒事物的方法遇到极限并停下脚步，存在于每位物理学家心中的人性便起而继之，直到最后，好比眼睛见到残缺的拱形会自动补起缺失的曲线。

物理学的任务是寻找每个存在之事实的来龙去脉，换句话说，就是要找出造成每个事实的先前事实是什么。由于每个先前事实都有其更先前事实，因此追寻到最后便会回到最初的起始原则。

物理学家拒绝探索宇宙的最初原则，在这方面他们表现得很好。但我要重申，物理学家心中的人类本性并不会放弃寻找宇宙的最初原则。不论他的意志同意与否，谜一般的第一因都会深深吸引他的灵魂。这是人类自然的本性。人类在生命过程中，必然会与世界接触，也必然受到世界的吸引，人类必须在世界中活动，注定离不开世界。人类心中必然想获得有关世界的完整想法，以及关于宇宙的整体概念，我们几乎可以断言人类不可能放弃这个追寻。不管粗略或精确，无论同意或反对，某种超越科学的世界观深植于每个心灵之中。和科学真理比起来，我们心中的世界观以更深刻的方式支配着我们的生存。

19世纪，人类心灵受到极端钳制，所有的追寻都受限于某种"确定的"范畴。这种和宇宙之终极问题背道而驰的扭曲现象，我们称之为"不可知论"。这种努力方式既不合理，也不可靠。实验科学或许无法解决宇宙的根本问题，但它不能因此像是吃不到葡萄的狐狸般，视这些问题为"神话"，并要大家放弃追寻。我们怎么可以对最重要的终极问题不闻不问？世界的源头在哪里，又将走向何方？宇宙的决定力量是什么？生命的根本定义为何？如果我们只把自己限制在那些间接且次要的主题上，我们将因此呼吸不到空气。我们需要的不是残缺的部分情景，也不是看不见美丽远景的地平线，我们需要的乃是一个同时拥有前景与背景的完整世界观。当我们欠缺这套根本的观点时，我们的行进就会失去方向。虽然现在人类仍然找不到解决最终问题的方法,但并不代表我们对这个问题不敏感。相反,这才正是让我们为其深感快乐与痛苦的理由。毕竟,饥饿感怎么会因为知道自己没有东西吃而消失呢?虽然这些问题不可解,但夜幕低垂时,它们仍然会不断浮现,像是闪烁的星辰悲怜地对我们眨眼。海涅(Heine)[1]曾说,星辰是夜晚的思绪,它们不会止息,而且永远闪耀。好像正北和正南帮助定位,但它们不是交通可达的城市,我们无法跳上火车就简单到达。

我的意思是,我们无法逃避那终极的问题。无论我们喜欢与否,它都以各种不同的方式与我们共存。"科学真理"是精确的,却也是不完整且次要的。它以必然的方式存在于另一种完整且终极的事实中,我们称之为"神话"(虽然这种说法不精确)。因此,科学真理可谓漂浮于神话中,而科学本身作为一个整体,就是一个神话,一个值得赞扬的欧洲神话。

后记:知识的起源

当我们询问人类对宇宙和整体世界的渴求究竟从何而

---

1. 海涅(Heine,1797—1856),19世纪最著名的德国抒情诗人。

来时，亚里士多德并不能帮助我们解决疑惑。对他来说，这是个非常简单的问题，他在《形而上学》这本书中提道："人类天生就有求知的渴望。"求知，是由于不满足眼前的事物表象，而欲寻求超越表象的本质。事物的"本质"是一种奇特的东西：我们无法一眼就看穿事物的本质，相反，它在事物的背后隐隐跳动着，它隐藏于事物之中，并超越于事物之外。对亚里士多德而言，人类原本就很"自然地"应该探求那样的"超越"，然而我们却总是对那些出现于周遭的自然事物习以为常。我们一点都没有觉察周遭事物的"本质"，我们见到的只是表象，而非本质。没有任何迹象显示事物背后还具有某种"本质"。很显然的，那样的"超越"并不存在于事物里面。

有人说，人类天性好奇。而当有人问亚里士多德："人为什么求知？"他就像莫里哀（Molière）笔下的医生那样回答："因为天性。"他继续说："人类渴望知觉、渴望观察，这代表求知欲是自然的。"亚里士多德的回答让我们想起柏拉图，他归类科学家与哲学家是"喜好观察之人"，也就是会受到奇特景象吸引的人。不过观察与求知其实是相反的：观察，是以眼来观看面前的事物；而求知，则是以心来寻求不可见的事物本质。求知乃是我们不满足于可见事物的表现，它代表我们不认为可见事物就是世界的全部，它意味着我们对不可见之"超越"存在某种需要。

除此之外，亚里士多德的书中还有其他例子，一再显示出他对知识起源的看法。他认为，求知只不过是人类运用原有的能力，好比观察只不过是运用视力一般。人类具有各种感官知觉，拥有可以用来保存感官信息的记忆，以及可经由回忆选择并重现的经验内容。这些都是人类生来就具有的机制与能力，无论喜不喜欢，我们都会运用它们。然而这全都不是知识。即使加上所谓的"智慧"，包括了抽象思考、整合和比较能力，也不算是知识。智慧，或者说是上述各种能力的总合，其实也是人类与生俱来的能力之一。智慧或多或少可以帮助我们求知，但求知本身并不是一项能力、天赋或机制，正好相反，求知乃是人类赋予自身的任务，而且也许是不可能的任务。无论如何，求知绝对不是天生本能。

我们之所以运用本身的各种能力求知，并不是因为我们单纯想运用这些能力，而是因为这些能力可以提供我们内心需求的助力。我们内心的需求和这些能力没有关系，甚至这些能力既不贴切也不充分。大家要注意，求知并不仅是运用智慧能力，因为人们向来无法驾驭求知的过程，我们唯一可以确定的是：人类在痛苦的过程中努力求知，人们探索超越表象的事物本质并尽全力了解它。

过去，人们着重于研究事物的运行机制，有关知识起源的真正问题受到鄙弃。拥有工具，并不代表就会使用该工具。我们的家中有许多闲置工具，因为它们的功用已无法再引起我们的兴趣。约翰拥有杰出的数学天分，但如果文学是他唯一的兴趣，他就不会运用到自己的数学能力。如同我先前说的，我们完全不知道智慧能力是否可以帮助人类求知。如果人类真有如亚里士多德所说，"天生"就可以理解自己身体与心灵上的天赋与能力，那么我们应该了解，知识并不是"自然的"。事实上，人类运用那些能力时，才会发现自己无法完全达到"求知"应该达到的境界。他的诉求和求知热情超越他的才能，也超越他所能展现的方法和手段。他用尽手边所有的工具，也无法获得满足，甚至加持了所有工具也无法办到。真正的事实是：人类拥有奇特的求知欲望，而人类的能力（亚里士多德称这些能力是人的本性）却无法满足之。

这样的结果迫使我们不得不承认：人类的真实本性非常广泛，人具备某些能力，但也同时拥有缺陷。一个人是由"他所有"和"他所没有"两者共同组成的。当人持续且竭尽所能地使用他的心智能力，不单单只是表示他具有哪些能力，相反，这正显示出他发现自己需要某种他所缺乏的东西，为了要获得他所缺乏的东西，必须动员自己具有的全部方法与手段。所有的知识理论都犯了最基本的错误，就是没有认知到人类的"求知欲"和"用来满足求知欲的能力"之间，一开始就存在落差。只有柏拉图瞥见事实：求知的根本（也就是求知的本质）就在于人类的能力有所不足，在于人类"有所不知"。无论是神或是动物，都没有这样的问题。神是全知，因此不会有求知的需要；动物，则是一无所知。相较之下，人类乃是有所欠缺的生命。人是需要求知的，他迫切理解到自己的无知。而这就是值得我们分析之处。为什么人类的无知会伤害自己？人类从不曾拥有的部分，怎么会让人痛苦？

第四章

这门哲学课就像瓜迪亚纳河的流水,起源于某处并消失于沙漠,最后又出现在这里。自从第一次在大学演讲,我两次营救了身陷灾难与大火中的大家。一次是通过这个演讲的标题,另一次则是通过我的提议:不以直线思考,而是以连续迂回的同心圆方式缩小问题半径。这让我们(事实上是迫使我们)先以较通俗而不严谨的形式面对问题,它呈现出问题容易理解的一面,让我们在更小的圆圈里以更多的精力和形式去处理问题。因此,许多事情在一开始看似琐碎无聊,或者只像句口号,但稍后它们再度出现,随着时间而演变,逐渐呈现出更加严肃且根本的面貌。

通过前述道理,我们结束了第一轮的迂回进攻。现在要展开柏拉图说的"我们第二次环绕航行"(ton hemeteron deuteron ploun)。我们第一次航行瞥见了事实:

第四章

科学真理（物理学真理）具有令人景仰的精确特性，但是它既不完整，也不是终极真理。科学真理自身并不是充分的真理。它的对象是部分的，只是世界的一小部分，而且还预设许多未获证实的前提。因此，这种真理无法稳住阵脚，它没有稳固的根源与基础。换言之，它不是根本的真理。有鉴于此，科学真理才想结合其他真理，当它不再只是物理或科学真理时，或许就能变成完整的最终真理。当物理学遇到瓶颈，问题不会就此打住，因为科学家背后的人性将继续追寻那全面且完备的真理。无论喜欢与否，他的生命本质会让他形成一个全面的宇宙概念。

在此，我们见到两种相互平衡的真理：科学真理与哲学真理。前者精确但不充分，后者充分但不精确。我们终会发现较不精确的哲学真理是更基本的真理，它的位阶比科学真理更高，不只是因为哲学涵盖的范围更广，更因为它是一种知识。总之，不精确的哲学真理是更真实的真理。

这种情形一点都不奇怪。世人普遍倾向于把精确性视为足以左右真理价值的一种属性，然而，这种做法不但没有意义，更缺乏正当性。只有可量化的事物，才有精确度可言。或者就像是笛卡儿所说的：只有在计算和测量时，精确度才有意义。严格来说，精确度并不是真理的属性，只是宇宙中某些特定事物的属性；更精准地说，精确度只是"量"的属性，而量又只不过是物质的近似值而已。一个真理可以非常精确，却可能是非常没有价值的真理。例如，几乎所有的物理学真理都是以最精确的形式表达，但由于它们都是通过统计性质的方式计算出来的，它们的价值只是或然的。在此我们要讨论一个奇特现象，应该特别处理这个现象涵盖的主题，因为它非常棘手而且严肃，这个现象就是：物理学的发展已经越来越精确，而物理学家更是不断将物理学转化成为一套纯粹的概率系统；如此一来，物理学就成了次要的真理，或只是一套准真理而已。这个结果使得现代物理学家（那些描绘出崭新宇宙全景的伟大创造者）专心投入哲学研究，他们希望将物理领域的特殊真理安置在更完整而且更重要的真理中。

我们开始接触到基本真理，这个真理凌驾其他，并标记出我们的生命与真理的边界（也就是这个世界）。我们与这个真理的接触仍处于极度不精准且缺乏证据的阶段，似乎还只是情感上的模糊反应。尽管如此，这已提供足够的暗示让我们窥见眼前道路。

19世纪80年代的哲学，充其量只是其他各种学科的补充。当各学科面临无法获取清楚真理的瓶颈时，它们就找来那有如万用女仆般的可怜哲学，要求哲学以一连串模糊而煞有介事的声明来帮助它们完成工作。人们安坐于物理学里头，而当物理学停下脚步，哲学家就有如惯性般继续向前迈进，并使用超越物理学的方式解释剩下的一切。这种超越物理学的物理学就是形而上学，这是物理学之外的物理学（现代英国哲学，例如罗素与怀特海的著作思想，也仍属这种形式）。

然而，先前讨论过的那些事实，显示我们正朝相反的方向前进。我们要求所有的物理学家（以及数学家、历史学家和政治家等）看清自身领域的限制，必须回到自我。如此一来，物理学家发现自己不只是物理学家，物理学只不过是他生命中数不尽之事务中的其中一项而已。在他的生命根本上，在其心灵最深处，物理学家终究还是人，终究要经历人生。他难免要不断接触整体的世界和宇宙。成为物理学家之前，他是人，身而为人，他会思考宇宙，换句话说，无论成果是否丰硕、随兴或讲究技巧、野蛮或文雅，他都必然进行哲学思考。我们的哲学之路不会带领我们超越物理学的境地，相反，它将我们从物理学拉回到基本的生命之上，就地找出哲学的根基。其结果不会是"在物理之后"，而是先于物理的。它乃是出于生命本身；而且我们也将清楚地看到，生命无法逃避哲学思考，无论其形式是多么基本。关于"哲学是什么"这个问题，或许可以用下面这句话作为第一个回复："哲学是一种无可避免的东西"。

我之前曾经答应大家,当我们探索"哲学是什么"这个问题时,我会列出一连串可以勾勒出哲学思想之轮廓的属性、要点与特征,但是,时间这个破坏高手却在我们正寻获并发展这个概念时,给我的演讲划下终止的一刀。当时针走到终点,我不得不尽我所能来结束论证。

如果稍做回想,你会发现我们几乎没有跨过那道关键的门槛,现在该是我们走入其中的时候了。我们之前试图定义哲学是一种关于宇宙的知识,在当时我曾经提醒,希望这个定义不要误导大家而错失哲学这种知性方法独有的基本特性。严格说起来,这种可能的误导并不来自定义本身,因为该定义没有错,误导其实是来自我们人类(尤其是那些热情的种族)习以为常的阅读与聆听方式。在我从事了四分之一个世纪的思想创作后(我并非以古人自居,我只是刚好自18岁就开始发表文章),我已对所有的西班牙人或阿根廷人不再抱有任何希冀:他们向来都只当阅读与聆听是字与字之间的自然意义或象征意义的流转,只是词与词之间的单纯意义变化。但毫无疑问,这种方式绝无法了解任何哲学语句。

我们无法阅读哲学,必须"解读"哲学,你必须反复思考每个词句,这意味着仔细推敲句子中的每个字;接下来，你不能满足于字的表面意义，要钻入每个字，沉浸其中，你必须深究其义，彻底理解它的结构与范围，唯有如此，你才能完全明白其秘密，重新进入自由解放的境界。当你用这种方式处理句子中的每个字，这些字就不再只是左右相邻而已，它们通过其中潜藏的思想根源结合，唯有如此，这些字才能真正构成哲学词句。我们应该扬弃横向草率的阅读方式，并以纵向深入的方式取而代之，如此才能潜入每个字的深渊，完成不需佩戴潜水钟却满载而归的潜水旅程。

我会试着让你们浸淫在构成那个定义的每个词语里。为重回我们的理想之路，我会一再复诵曾说过的话，在这样的过程中，我们也将能够重新肯定并充实这些话语。这个工作非常重要，因为这是崭新的分析，我希望用比以往更为严格的方法来处理它。

关于宇宙或多元宇宙的知识

现在，就让我们面对这项任务。哲学的研究对象乃是宇宙。和其他的研究对象比较起来，宇宙显得非常奇特且与众不同，因此，哲学家必须以全然不同于其他学科的特殊理智态度来面对它。

提到"宇宙",我在形式上理解为"一切的存在"（everything there is）。意思是哲学家的兴趣并不是每一个事物的存在,不是个别存在事物的目的,换句话说,哲学家感兴趣的并不是个别的存在,而是所有存在的集合,以及该集合的所有内含事物;同时,每个事物在该集合中的位置、功能、本质以及与其他事物的相互关系、价值,还有它在普遍存有的至高视野里所代表的意义。当我用"事物"这个词,指的不只是真实存在于物理世界中的物体或生物,它同时包含不真实的、理念上的、幻想的,以及超现实的（如果真有这种东西的话）各种可能事物。因此,我选择使用"存在"（to be）这个词,我甚至不使用"所有的实存"（all that exists）这种说法,我使用的是"所有的存在"（all there is）。"存在"这个词为我们圈出最宽广的界线,囊括所有可能的事物,甚至是那些可能存在却不实存于世界上的东西。例如"方形的圆""无刃或无柄之刀",以及诗人马拉美（Mallarmé）所描述的怪异事物,像是存在于钟面外的"钟点",或是"身为女人但又不是女人"的完美女人等。关于"方形的圆",我们只能说它并不实存于世界,然而,既然我们可以表达"方形的圆"这个句子,表示我们一定思考过它,也因此,在某种意义下它必然存在过。

第四章

我曾说数学家或物理学家的研究,都是先从界定研究对象开始。在数学家的定义中,像是对"数""群",或任何他们想作为对象的定义,我们能见到事物最基本的属性。同样的,物理学家对物质的研究也是如此。

这些学科的研究起点,都是先划分与缩减问题,实际做法是事先知道(或相信他们知道)研究对象的最重要面向。接下来,他们仅研究对象的内部结构及细部特征,好比是组织学。相较之下,当哲学家开始寻找所有的存在时,他面对的是基本、绝对而且没有边界的问题。他对寻找的对象,也就是宇宙,一无所知。

让我们精确定义到底哲学家对什么一无所知。以下我们将以最仔细的方法厘清哲学问题最让人感到奇异且独特的那面。

第一,当我们自问"所有的存在"包含哪些事物时,我们完全不知道"所有"会是什么。我们唯一知道的,就是世界上有这个、那个和其他东西,而这些都不是我们所欲寻找的。我们要寻找的是整体,我们寻获的却总不是那个整体。我们对这个整体一无所知,总览已知的事物,或许我们缺少的正是对我们最重要的部分,即"所有的存在"中最重要的部分。

第二,我们不知道的部分,还包括"所有的存在"

是否真的是个整体,也就是宇宙?或者说"任何的存在"(whatever there is)是否能形成许多不同的整体,也就是多元宇宙?

第二,我们不知道的甚至更多。我们并不知道"任何的存在"究竟会形成单一宇宙还是多元宇宙。当我们展开知性的探索旅程,也不知道它是否在本质上是可理解的?换言之,我们并不知道这个问题是否可解。我恳求大家不要轻视我刚刚说的话。这些特点乃是哲学思想最奇特之处,它不仅让哲学拥有独特的灵魂,更是区别哲学与其他思维模式的主要因素。

其他学科不会怀疑研究的对象究竟可不可知,它们充其量只质疑可否清楚理解研究的对象,有时候可以在普遍问题中找到某些特殊的、不可解的问题。例如数学就存在一些证明为无解的问题。科学家的信念是相信可以理解其研究对象。这种信念绝不只是人类模糊的自信而已,它是构成科学的要素之一。这是科学固有的特性,它使科学在定义问题时,同时确定了解决问题的一般方法。

换言之,对物理学家来说,只有原则上可以解决的问题才是问题。对他们而言,问题的解答在某种意义下先于问题本身;处理问题的方法与过程,就是解答与知识。然而,当物理学家研究颜色、声音以及各种通过感官感知的变化时，他们仅了解其中量的关系，甚至可以说，这些量的关系只是空间和时间上的相对关系，更甚者，这些只是物理学家通过感官和可用工具所能捕捉到的近似值而已。理论上来说，这种结果实在不尽如人意，但物理学家称之为解答与知识。而且只有那些能够测量、能够以这种方法处理的问题，物理学家才认为是物理问题。

唯有哲学家愿意承认其研究对象有可能是无法理解的，并也愿意视之为自己认知态度中的重要元素。这意味着，能够真诚面对眼前问题而不会事先驯化问题的学科，只有哲学。哲学并不像马戏团里的驯兽师，因为驯兽师会在狮子进场前先下药，哲学的工作，是在丛林中猎捕活生生的野兽。

由此可知，哲学问题的范围不只没有限制、涵盖无边无际的事物，哲学问题的强度也是未决的；哲学问题不只探讨"绝对"，它更绝对是个问题。当我们说其他学科处理的是相对或部分的问题时，我们不只表示它们仅着眼于宇宙的一小部分，我们更强调其问题乃是依赖于事先已知或已确定的资讯。因此，我们才称它是一种不完全的问题。

技术性问题与实用性问题

我认为，现在我们该进行基本观察，说也奇怪，我之前竟然都没有和各位提过。当大家讨论人类的认知或理论活动时，通常都会定义它是由发现问题到解决问题的心智活动过程。这种看法的缺点是，人们常认为此心智活动的最后阶段，即处埋与解决问题的阶段，才是唯一重要的，因此而看轻其他阶段。当大家提到科学，很容易就会当它是各种解决方法的大集合。在我看来，这是错误的看法。第一，如果我们以当代要求的严格、实际态度来观察，我们会发现，大家很难同意我们是否曾经彻底解决了任何问题。因此，为科学下定义时，我们不应该将重点放在它所提出的解决方法上。第二，科学是一种过程，而这个过程在解决问题的方向上，永远是变动且开放的，科学不是早已确定目标的既定航行，而是在暴风雨中不断寻觅方向的旅程。第三，最重要的是，大家时常忘记，当理论活动转变成实践行动时，当我们从发现问题进展到解决问题时，最主要的重点其实仍是在发现问题的过程上。

为什么人们会视它为不重要的细节呢？人们应该有各种问题，这似乎是很自然的普遍想法，我们为什么这么觉得呢？无论原因为何，我们都清楚地看出："问题"才是科学的核心，其他一切都只是次要。如果我们细细品味那些矛盾事物带来的智慧乐趣，我们便会承认，科学中最没有问题的就是问题本身，其他的一切（尤其是问题的解决方法），都可以说是不稳定且不断摇摆、改变的。每门科学基本上都是由诸多问题构成的系统，这些问题本身几乎是历久不变或只有些许变动的。那穿越世代并在不同心灵之间流传的，正是这些有如宝藏般的问题，科学的漫长历史中，这些问题也曾一度扮演继承与维护传统的关键角色。

刚刚说的只是帮助我们进行基本考虑的垫脚石。若人们认为理论活动是解决问题的方法，而不注意其根源，不注意问题本身，人们就会犯下错误，这种错误来自对"人类应该有各种问题"这个奇妙事实的无知。大多数人都不知道如何区分"问题"这个词的两种意义。生命会为人类带来问题，这是亘古不变的道理，然而这些问题并不是人类创造出来的，而是外在环境加之于人类身上的，它们是人类在生命活动中面对的问题，即实践的问题。

让我们来分析由实践的问题产生的心理态度。宇宙的实在界[1]包围着、禁锢着每个人，我们的一举一动也都完全浸沉其中。突然，我们会产生想要改变周围实在界的冲动

---

1. 实在界（reality）指独立于心外的事物界，它源于拉丁文"res"。在拉康的三界理论中，"想象""象征"与"实在"构成人类现实性的三大界域，也是组成人类所有经验的三大秩序。实在界是一个超越理论性的存在。

或欲望,例如当石头挡住前方的去路,这里的实践问题,就是该如何以新的实在界,即没有石头阻挡的路,来取代旧有的实在界,换句话说,我们必须创造现今不存在的新东西。实践的问题就是心理态度,我们以这种心理态度来计划并改变周围的实在界,我们运用它创造现今尚不存在,但将对我们有帮助的新事物。

实践问题和理论问题产生时的心理态度非常不同。产生理论问题时,我们通常会问:"这个或那个事物是什么?"请注意这个奇特的心理活动。我们想要知道"是什么"的事物,是存在于世界中的,在某种意义下它必然是一种存在,否则我们绝不可能提出质疑。不过,很显然我们对"它存在于某处"这个现象并不满意,恰恰相反,它的存在位置和属性都让我们困惑;简言之,它的存在让我们感到不自在。其个中原因为何?很明显,这是因为它的存在本身并不能构成充分的理由。如果它就只是表面上看起来的那样,如果在它的表象背后不存在足以支持并使它完备的理由,那么我们就会认为这是种令人无法理解的存在。换句话说,这是不该如此的"伪存在"。因此,理论问题一定要从确切的存在事物出发,否则它就不会被视为是应然,也不会被视为是种真实的存在。那么,就让我们强调其背后的衍生意义:理论的起始点,乃是通过破坏与摧毁世界来否定实在，其理想就是要把世界打回虚无，让世界回到创始前的状态。由于世界的存在让人感到惊奇，因此我们的目标就是要循着世界的发展过程回溯本源。如果说实践性的问题是要转变、消除现存的事物本质以回应实际需求，那么理论性的问题就是要找出、回归那看不见的事物本质，在我们找到本质之前，它的不充分会侵扰我们的智性。

我认为，所有理论活动都具有这种大无畏的基本特性，它引领人类暂时否定某些存在并转化成问题，也因为这样，我认为理论活动不能被化约成任何实践目的。这表示在生物性与功利性的人性中，还存在着大胆且好动的另一面。拥有这种特质的人类，不会为求一己之便而利用现实环境，相反，在这种特质的带动下，人类会以无穷的问题来取代世界的平静,使世界更加复杂。人类对于理论的喜好与依赖，可以说是宇宙中的根本事实。功利主义无法解释这种理论活动，尽管功利原则几乎可以解释所有的人类活动，但是任何想要以功利角度解释人类理论活动的尝试，必定会徒劳无功。你千万不要认为人类之所以提出理论问题，一定是基于某种必然或现实原因，如果真是如此，为什么动物不会提出理论问题呢？动物不是也同样面临并意识到许多现实问题吗？理论问题与实践问题各自有着截然不同的根源，我们无法将它们化约成相同问题。反之亦然，一个没有欲望、需求与兴趣的人，一个仅有理智和纯粹理论问题的人，也永远无法察觉什么是实践问题。

完成这项基本的观察，我们要立刻应用在"哲学是什么"的探讨上，我们发现，如果"将事物转化成问题"是我们这种"理论人"（homotheoreticus）的认知活动中不可或缺的特质，那么毫无疑问，当问题越是问题，其理论态度也越是纯粹。反之亦然，当一个问题只是局部的问题，处理该问题的那门科学就会保有实践态度的痕迹、盲目功利主义的痕迹，以及想要行动却不想纯粹沉思的痕迹。纯粹沉思是专属于理论的活动，从根本的意义上来看，它的确就是如此。

由于哲学问题是唯一的绝对问题，哲学态度也因此成了唯一纯粹且基本的理论态度。哲学是最努力前进的知识，它是知性上的英雄主义。哲学家不愿意踩在所谓的安稳基石上，他抛弃先前所有的安全基础，置身在绝对的危险中，他销毁掉自己的天真信念，让自己的生命毁灭后再以纯粹理智运作的方式重生。他可以像圣方济各（San Francisco di Assisi）说的："我所需极少，少之又少。"或者他也可以如费希特（Fichte）所言："正确地说，哲学不是生活，而生活也不是哲学活动。"不过，在全新且基本的意义下，哲学包含生活在内，至少我的哲学如此。

我们面对的问题是绝对意义的问题，它从一开始便承认问题可能无法解决，在我们看来，宇宙或任何可能的存在都可能是无法理解的。它们之所以无法理解的原因有二。第一，正如实证主义、相对主义及批判主义普遍相信的：我们的认知能力可能有限。第二，大多数我们所熟悉的知识理论都忽略了宇宙之所以不可知的可能理由：也许我们的智慧没有限制，但这个世界、这个存在状态、这个宇宙本身，却有可能是非理性的存在，也因此，它将是思考不能及的。

泛逻辑与必要理性

即使到最近这几年，也没有人尝试着以全盛时期的古典方式去重新处理知识本身的疑问。康德是最敏锐的天才，曾经对知识问题做出永久性的贡献，然而，避免全面化看待问题的最主要推手，也是康德。今天，我们觉得奇怪并且无法接受：人们在以局部方式处理知识问题的同时，竟然也对普遍问题产生逃避心态。我自问有哪些及有多少主题是人类可知的，我必须先理解知识是什么才行（无论认知的主体是谁）。唯有如此，我才能明白在人的特殊情形中，是否满足了那些能够让知识成为可能的普遍条件。自伟大的德国思想家尼古拉·哈特曼（Nicolai Hartmann）发表著作后，我们承认，人类必须先确立"可知性"（knowledgeability）的基本条件才行。我们可以用那句众所周知却平凡无奇的名言简单定义知识为"事物与认知的符合"（adequatio rei er intellectus），换言之，那是思想与存在之间相互吸收与同化的状态。然而我们知道，最低限度的交流仅够产生象征性的知识，这种形态的知识，思考本身与其所思考的实在对象之间几乎毫无相似性可言，就像是两种语言各有着不同文字，而我们却对其相应或平行的意义感到满意一样。总而言之，如果两种不同语言之间不存在相同的形式结构或部分共通的文法架构，它们之间便无法产生对应关系。

同样的情形也发生在知识上：即使是最简单的知识，其认知对象与思考过程（或者称为认知者的主观状态）之间也必定在某种最低限度的同界中，存有与之或多或少相符的存在物，世界才有可能进入心灵。如此一来，刚刚提过的那句学院派名言就新添了崭新且严肃的意义。这里考虑的意义，并不是它一直以来那种无聊的琐碎意义——"当理智认识某事物，它便反映出该事物的某些特性，也就是说，理智会复制该事物"；我们真正关心的，是更深层的根本条件，若没有满足这些条件，上述情形根本不可能发生。事实上，如果外在的现实世界与思想之间不存在任何相似性，我们的思想就不可能接收、复制外在的现实世界。因此，这里又有新的想法，我认为思想与世界之间的符合一定得是相互的；思想与其思考的事物间一定有某种一致性，而唯一可能成立这种情况的，就是该事物本身也要和思想有相似的结构。

由此可知，所有的知识理论，即使它本身不愿意或者没有意识到，都应该是某种存有学（ontology，关于知识研究的科学）才对，换言之，该学说一方面探讨存有是什么，另一方面也探究了对于存有（一个存有或特殊的事物）的思考是什么，并且比较、分析两者。据此发现，人们有时认为思想活动是存有的结果，这是实在论（realism）的立场；而有时存有的结构则是源于思想本身，这就是观念论（idealism）的立场。然而不论哪种立场都同意（虽然它们没有意识到这点）：如果要找到知识的依据，就一定要发现思想与存有之间的共同结构关系才行。因此，康德总结《纯粹理性批判》（*Critique of Pure Reason*）时说了这句话——虽然它充满技术性词汇，但我认为它是最谦虚、真诚且清晰无比的——"经验（或思想）可能性的条件，与对象（存在或现实）可能性的条件是相同的。"

我再次重申，唯有通过上述方式，我们才能处理所有严肃的知识问题，才能看清背后那出充满理想与张力的戏剧。存有的结构有可能和思考本身完全一致，也就是说，存有和思考这两者的本质与功能可能相同。这种看法是理性主义的根本主张，也是知识的乐观主义之极致表现。若真是如此，那么仅思考思想本身便可产生知识，所有的外在事实与思想内部分析的结果一致，因为这些外在事实与思想都遵循相同的法则或逻辑。因此，亚里士多德认为上帝，即宇宙之原则，不外乎是"思考自身的思想"（noesis noeseos），换言之，上帝只要思考自身，便能认识它的宇宙。根据这种看法，实在界乃是由符合逻辑之事物所构成，如同站在哲学史另一极端的理性主义者、泛逻辑主义者黑格尔所说："凡存在者皆合理。"如果我们还想多看看这种失衡的哲思方法，让我们一瞧莱布尼茨在《人类理智新论》（*Nouveaux Essais Sur L'Entendement Humain*）中的最后几句话吧。这位伟大的乐观主义者认为，那些真实存在却超越我们认知范围的未知事物，其存在方式与结构和我们已知的其他真实事物并无不同，而所谓已知的真实事物，指的是和我们思想一致的存在物。在我看来，这种说法乃是理智乌托邦主义（intellectual utopism）的典型范例，换言之，这种说法可以说是疯狂的信仰，它盲目相信思想可以穿透无边无际之现实世界的每个角落，它认为无论思想触及何处，该处都与思想本身相符。然而，如果真是这样，我还需要留待日后再探寻那未知的真实吗？如果真是这样，我早就可以预期到它的存在，并知道它如何运作了。

和这种乐观主义拥护者相对立的，就是极端的怀疑论者，对他们来说，思想与存有之间完全没有一致性，他们认为人类不可能有所谓的知识。在这两种极端的立场之间，我们将建立最为谨慎的立场，根据这种立场，存有与思想之间只存在部分的一致性，也就是说，只有少数事物具有与思想相同的运作方式，那就是依循逻辑。持这种立场的知识理论将可以小心地、确切地、如实地划分出思想与宇宙间的一致性与歧异性，它描绘出一幅客观的地图，告诉我们世界中有哪些是思想可以穿透的地方，又有哪些是思想无法洞悉的非理性区域。举例来说，数字就是很特殊的存在物，它和理性法则之间有许多一致性，多到甚至让人们相信所有的数学都是理性化的，可以纯粹通过逻辑来建构所有的数学。

我们正处于最伟大的时代，经历有史以来最辉煌的理智战役。如果从遥远的未来回首观望，这场战争及现代物理学将共同为我们的时代带来光荣与尊贵。布劳维和外尔两人，他们证明了数字的一致性与概念的一致性部分不兼容。因此，数学的逻辑化或形式化是不可能成功的，数学必须忠于其研究对象的特性，使数学不具有逻辑性，只具有纯粹的数学性，人们称持有这种观念的人为"直观主义论者"（intuitionist）。

如果我们从数学开始并继续探讨更复杂的事物，比如物质、有机生命、心理现象、社会活动与历史变化等，我们将发现其中非理性所占的比例，或是纯粹理智无法穿透的程度随之增加。我们探讨的对象大到跟宇宙相当时，其中充满反叛且无法让人通过纯粹之传统理性来理解的部分也可能达到最大。物理学中，理性还算能自由舒展，但柏格森曾说过一句让人感到敬佩的话（尽管他说此话的动机并不值得敬佩）："物理学之外的理性，必须接受良知（good sense）的检视。"柏格森所说的"良知"，就是我以正式术语称呼的"必要理性"（vital reason）。严格来说，"必要理性"是比"良知"更为宽广的理性。在"必要理性"的面前，许多旧标准认为是理性的都只不过是非理性而已，无论是概念理性或纯粹理性。

然而，如果我们定义哲学是关于宇宙的学说，或者认为建立一套无所不包之极致哲学的倾向是退回传统形而上学的举动，那就不明智了。当想法根据内心理想向前迈进，任何外在的反对，无论是政治的、教育的或卫生方面的，都是幼稚、无聊且毫无理论的真实。总体来说，当一个人抨击某理论，他的动机不是由于探究该理论本身，而是流于人身攻击，便等于自动宣告自己失去成为"理论人"的资格。如果只是在表面上探讨事物而不深入追究，这种举动实在不值得去做；为逃避问题而顾左右而言他是没有价值的。我在此奉劝西班牙新一代的知识分子，你们一定要加紧注意上述这种现象，因为这是国家是否能得到稳重名声与真正智慧生活的关键所在。就像一部西班牙小说中的主角说的："其余的都只不过是马车的油漆罢了。"

这种定义下的哲学，这种必须事先承认其研究对象可能是不可认知的哲学，有可能不是好的哲学，但那种退回到传统形而上学的哲学也是如此。就我所知，哲学的立足点从来就不曾这么谨慎并乐于接受批评。然而，无论你喜不喜欢，我们这些忠于此种英雄式认知与思考方式（此乃哲学之本质）的人，不能只满足于谨慎小心，我们还必须力求完备。必须谨慎，但不必猜疑，一切只需要自然而然地保持谨慎即可。面对宇宙时，我们不需要疑神疑鬼。实证主义就是村落小镇式的哲学。如同黑格尔所说："害怕谬误，本身就是一种谬误。细究之，其原因乃是来自内心深处对真理的恐惧。"准备好要面对理智上极端风险的哲学家，必须绞尽脑汁、运用一切自由，从桎梏中解放自己，包括面对形而上学提出的陈腐疑虑。因此，我们不放弃任何批判的严谨性,恰恰相反,我们必须将严谨性推展到极致,并且保持简单、朴实的姿态,不去强调自己有多重要,也不以批评家自居。我们和所有同世代的人一样,都厌恶空洞且夸张的态度,以及到处可见的无用姿态。最重要的是,我们必须表现自己的本性,不卖弄炫耀,并以清醒的诚实态度扬弃任何自我炫示的欲望。

阐述每个概念时,我们都应该抓紧阿里阿德涅之线(Ariadne's thread)[1]才不致迷失方向,就让我们用最初的说法来总结所说过的话吧,和之前相比,这个说法对现在的你来说显得更有意义:哲学是关于宇宙或"所有之存在"的知识,而在展开探寻的那一刻,我们既不知道究竟世界之中有哪些存在,也不知道这些存在是否会形成单一宇宙或多元宇宙,我们更不知道是否可认知宇宙。

如此看来,这似乎是疯狂的事业。我们为什么要走上这条路呢?

放弃哲思并专心于单纯生活,难道不是比较明智的决定吗?不,事实恰好相反。对古罗马的英雄来说,生活乃是无关紧要的,航海闯荡才是不可或缺的。人类永远可以分成两类,比较优秀的人将发现,多余的东西才是最有必

---

[1] 希腊神话中阿里阿德涅公主送给心上人一捆丝线,让他在迷宫中标记退路而不迷失。

要的。在东方一处小巧天井中传来了耶稣的声音,他以宛如山泉般甜蜜美好的声音警告我们:"马大啊马大,不可少的只有一件。"在忙碌又能干的马大面前,他所指的就是那可爱且"多余"的马利亚。[1]

---

1. "马大!马大!你为许多的事思虑烦恼,但不可少的只有一件:马利亚已经选择那上好的福分,是不能夺去的。"(路加福音10:41—42)

第五章

陈述哲学问题的过程中，我们发现它是所有问题中最基本且重要的，它可以说是一切问题的原型。另外，我们也看到，当问题越难解，人们用以面对、审视该问题的认知与理论态度就越纯粹。因此，哲学乃是最出类拔萃的理智运作形式，相形之下，其他所有学科（包含数学在内）都带有实践性的味道。

然而，哲学的纯粹性，充斥着无与伦比的智慧英雄主义色彩，难道不也为它带来某种怪异甚至狂乱的特质吗？当人们决定面对如此特殊的哲学问题，他们是否能够保持自我的良知呢？我们必须承认，在各项事业中，哲学的成功概率是世界上最小的。哲学可以说是疯狂的事业。既然如此，我们又何必尝试它呢？为什么不满足眼前的生活、放弃哲学思考呢？如果解决哲学问题的机会不大，哲学就等于没有用处，我们也就不需要哲学了，不是吗？

对哲学的需求

我们或许同意这样的说法，但必须承认另一个事实：对有些人来说，真正不可或缺的其实是多余的事物。回想一下有用的马大与多余的马利亚之间的神圣对立。事实上，这种针锋相对的二元对立并不存在（这也是耶稣的话所暗示的道理），生命本身，也就是包含所有有机或生物之生命，并不能从效用的角度来理解，我们必须认清生命是带有戏谑特质的一种无限现象。

那么这种称作哲学思考的重要活动，它是必要的，还是不必要的呢？如果"必要"指的是对某些事物"有用"，那哲学就不是最必要的。然而，"必要"和"有用"是相对，事物是否有用及其必要程度，端视最后的目的而定。真正的必要性，是来自每个存在生命对其存在本质的感受，例如鸟之于飞行、鱼之于游水，以及人之于哲思。人类渴望行使这些"人之所以为人的本质功能与活动"，这种渴望乃是人类最崇高且重要的需求。因此，亚里士多德毫不犹豫地评论各种科学："它们都是必需的，但它们都不优秀。"（《形而上学》）在《智者篇》中，柏拉图为了以最大无畏的方式定义哲学，在他思想最严谨的生命最后阶段里滔滔说道："哲学是自由自在的知识（he episteme ton eleutheron）。"如果柏拉图在此时再说出同样的话，人们会如何反应呢？当年希腊的公共竞技场，苏格拉底的圆颅与话语让无数知识青年以飞蛾扑火之姿引颈齐聚，如果柏拉图在那里发表言论，又会遇到什么样的情形呢？

虽然我们对柏拉图充满好奇，但我们暂且放下他并回来继续检视我们的朋友——真理吧。

虽然哲学的发展并不是基于效益，但它的成长也不是凭空幻想。哲学乃是人类心智不可或缺的要素。为什么呢？因为哲学的目的就是寻找各种可能存在之事物，例如探求独角兽，以及捕捉宇宙本质等。但为什么我们对哲学的渴求如此巨大？为什么我们无法满足没有哲思的日子？为什么我们无法满足世界中那些人类已发现且清楚存在于眼前的事物？简单的理由是：所有存在于我们眼前的、既存的、明显的事物，都只是一小部分、一小区块或一小片段，都只是另一看不见事物的冰山一角。如果我们无法感觉也无法触碰那看不见的部分，我们就无法理解它。对于每个存在物、世界中的每一枝微末节，我们都可以在其本质中发现裂痕，它们都存在一种特质：它们是某个局部，而且仅仅只是局部。我们可将其视为存有学上的截肢疤痕，它们的截肢之痛，它们对缺失部分的思念缅怀，它们崇高的不满之情，都正呼唤我们。多年前，我在阿根廷的首都布宜诺斯艾利斯（Buenos Aires）演讲，曾如此定义这种不满之情："宛如不被人爱的爱，宛如不存在我们身体上的痛。"这是对"我们所不是"（what we are not）的思念，这是承认我们自身的残缺与不全。

严格来说，我要说的是以下这段话：如果我们任选一样存于世界的事物，仔细观察它的可见部分，我们将很快理解它只是片段，而正由于它只是片段，我们便不得不思索另外那个让它变得完整的部分。因此，虽然我们看到各种鲜艳华丽的颜色，但它们并不只是所见如此，它们的本质绝不只是颜色。所有的颜色或多或少需要向外延伸；它们以完全倾泻而出的方式存于世界；换言之，凡颜色，必有外延。它们只是整体的部分，我们称为"有色彩的外延"或"外延的色彩"。然而外延本身，也绝不会仅是色彩的外延。为了成为这样的存在，它的背后必须存在另一种已然延伸并扩展开来的事物，一种能够作为支撑、作为基础，并同时支持着色彩及其外延的存在物。就如同莱布尼茨谈论笛卡儿时所言：外延本身需要预设某种已经延伸之事物（extensione prius）。就让我们依循传统，称这种支撑着色彩的事物为物质吧。

临现与共在

说到物质，我们好像终于触及某种自身完足的事物。物质不需要其他事物支撑，它独立存在，不像色彩那样需要通过其他事物（物质）才能存在。然而，我们此时生起疑问。物质一旦存在后，是自足的，但它既不能凭空而生，也不能通过自身力量自我生成，一定是通过某种力量才会产生物质，要不然，我们实在难以想象其他可能性，好像是见到飞箭，必然会寻找射箭手一样。因此，就算是物质，也同样是某个更庞大运作过程的产物，它的背后存在更宽广的实在，通过这个实在，物质才得以完整存在。事实上，这些都琐碎不重要，我之所以提到它们，只为澄清我们目前讨论的概念。

另一个例子似乎更清楚且贴切。当我们知觉到这个房间，会觉得有关该房间的一切都已包含其中了。至少在视觉上，我们会认为它似乎是完整且自足的事物。它包含我们看到的一切，除此之外别无他物。也就是说，当我们看到这个房间，并分析自己的知觉内容时，我们至少会认为眼前所见的色彩、光线、形状与空间似乎就是全部。然而，假如我们要离开房间，却发现房门外竟然没有世界、空无一物，甚至连空间都不存在，我们将无比震惊。但这是为什么？如果在我们心中，房间就只是我们身处其中看见的一切，为什么发现房间外不存在其他建筑、街道、城市、大气等事物时，我们会震惊呢？很明显，除了那些直接临现的房间内部形象，我们的知觉还包含背景，尽管该背景是潜在且模糊的，但一旦缺少它们，我们便若有所失。换言之，即使是如此简单的知觉活动，也不能称这个房间是完整的事物，它只是前景，其背后还存在难以察觉的背景。虽然这片背景是隐而不显的附属存在，但它仍然是不折不扣的真实存在，并且笼罩着我们实际所见的一切。这种模糊且包围一切的背景并不直接呈现，但它却与眼前事物共同存在。事实上，我们看见任何事物时，该事物一定都是出现在潜藏的背景中，那是模糊、巨大、边界不明的背景，简言之，所谓的背景就是世界，就是该事物所属的世界，就是该事物以片段之姿存在的这个世界。在任何情况下，我们看到的都只是汪洋中可见的一小岬角，潜藏的世界将它推向我们。因此，我们根据这个观察得出普遍法则：当某件事物临现，世界总是与之共在，并笼罩着它。

当我们向内观察自己的内心世界，我们也会发现同样的现象。在任何当下，我们见到的内在都只是一小片段，包括我们正在思索的想法、感受到的痛苦，以及我们经历的情绪等。我们见到的各种内在又多又乱，那只是我们向内观察而捕捉到的事物，相对于完整且实然的自我，它们只不过是突出的山肩一般，其余的部分都隐藏在背景中，此背景有如巨大峡谷般壮丽，也如绵延的山脉般辽阔，任一时刻，我们都只能瞥见全景之一隅。

根本的存有

那么，根据目前的了解，世界只是一连串所见事物的集合。我们此刻看不见的，就是当下所见这些事物的背景，片刻之间，我们眼前那些清楚且直接之事，又会换成另一批。然而，如果每个当下都只是片段，如果世界只是这些片段的集合，表示这整个世界，也就是我们所能感受觉知的一切集合，所谓"我们的世界"，其实也只是片段，它虽然宽硕巨大，但它仍然只是片段而已。这个世界甚至无法自我解释，当我们以理论的态度面对世界，我们感受到的就只是……疑问而已。

这个问题的棘手之处在哪？有个古老的例子：水中的筷子看起来曲折，但摸起来是直的。虽然人类的心智只想接受这两种现象中的一种，但它们都不向对方示弱。由于无法依赖其一并找出解决之道，人类的心智因此感到极度痛苦，心智最后的自救方法，即视两者为表象。这种关于存有与非有的矛盾意识，正是问题的棘手之处。如同哈姆雷特所言："存在或者不存在，正是问题所在。"

我们虽然感受到世界的存在，但它是非自足的；世界不但无法支撑自身存在，更疾声唤求它欠缺的部分；世界宣告它的"非有"，要求我们进行哲思。这就是哲思的本质，即寻找并赋予世界完整性，建构整体好让世界可以安身休憩，最后使其成为完整的宇宙。世界是破碎且不自足的物体，它的根基并不是它本来就具有的，而是建立在自身以外的事物上。严格来说，这个作为世界之根基的事物其实担负某种开创性任务，因为它是最根本的存在。正如康德所说："当我们面对有限，无限就成了问题。"现在终于见到关键的哲学问题，以及鼓舞我们向前迈进的心灵需求。

当我们面对这个仅是假设而非既定的根本存有，奇特的状况应运而生，在此让我们先专心思考这个奇特状况。我们不能够只认为这"根本存有"是目前世界的某一未知事物，但或许会在未来显现。本质上来看，所谓的根本存有并不是一种予料（datum）[1]，它从来就不是理性可以触

---

1. 予料是任何研究或推断由之开始的材料或信息，它们不需要进一步的理由，它们是我们关于世界的知识必不可少、最低限度的前提。

及之事物，它是所有现存事物缺乏的那部分。那么，我们该如何理解它呢？拼图缺了一片，我们可以观察整幅图案以发现欠缺的部分，我们看见的是它的隐缺，它是以"缺如"的方式临现。同样的，根本存有就是那外在、基本的隐缺部分，就是世界永远缺少的那块角落，而且，我们见到的只是象征它消逝的伤疤，宛如我们不能见到残疾者不存在的手臂。如果想要定义它，就必须描绘出伤痕的原本轮廓，补足残破的线条。根本存有与既有的存有间没有任何相似之处，既有存有的本质定义就是次要的且奠基于其他事物之上的存在。相形之下，根本存有的本质定义则是完全相异、形式上截然不同的绝对外来存在。

我认为，我们不应该建立"根本存有就在我们四周"，或者"根本存有类似于既有存有"这类假象，我们必须强调根本存有具有的异质性，以及它和其他世间事物的不同之处和不可比较之处。在这个意义下（仅在这个意义下），我认同那些拒绝熟悉化、日常化超验事物，拒绝亲近超验事物的人。

哲学面对的创造世界问题，也出现于以上帝为名的各种宗教中，我们发现两种态度，其中一种太过靠近上帝，例如圣特里莎（St. Theresa）几乎让上帝行于锅碗瓢盆间；另一种我认为较有哲学智慧且较让人尊敬的态度，是对上帝敬而远之。

每当谈论至此,我就会想起那令人感动的马吉安(Marcion),也就是基督教中第一位伟大的异端创立者。虽然教会不得不称马吉安为"撒旦长子",他们(在良知的引导下)却也总是特别重视他,因为除了教义问题外,他在各方面都是值得学习的典范。就像所有的诺斯替教徒(Gnosticism)一样。马吉安受到良心驱使,对世间事物存有的各种限制、缺陷以及不足等性质特别敏感。也因此,他不认为至高无上的上帝会和世界有任何关联,上帝乃是独立于世界之外的、绝对不同的、独一无二的存在,换言之,上帝乃是"外来者"(allotrios)。否则,上帝在道德上与存有学上的地位都会受世界的不完美与限制污染。由此可知,在马吉安的心中,至高无上的真正上帝不会是世界的创造者,若上帝是世界的创造者,那他就是那些不充分事物的创造者,他本身也将是不充分的存在。关于世界,我们寻求的乃是完美的充分性。当造物者创造出一件事物,他也将受到该事物的污染(我现在是在诠释马吉安的思想)。身为造物者的上帝仅是次等的力量,他是旧约中的上帝,是涉足世间事务的上帝,是代表正义与战斗的上帝,这表示,他无可避免地与罪恶和纷争纠缠在一起。另一方面,真正的上帝不是公正的,他乃是纯粹的善;他不是正义,而是纯洁与爱。他永恒存在,与世界远远分离、毫无接触。所以说,我们只能称他为"更奇异的上帝"。不过,也正因为他与世界迥异,才能够让世界达成平衡,弥补世界之不足并使其完整;正因为他不是世界的一部分,才能拯救世界。对诺斯替教徒来说,这才是具有最高意义的神圣行为;这种神圣行为并不像异教徒心中的造物主那样创造邪恶的世界,相反,上帝乃是要"反创造"、消弭世界的固有邪恶,换言之,就是要拯救世界。

如果我们只是偶尔强调这两种区别,绝对不够。诺斯替教派仅做到如此而已,我们可以说,这只是夸大该短暂片刻。我们应该继续回溯旅程才对。不要误以为我对马吉安思想有投诚之意,我几乎无法苟同此异端思想对上帝与神学问题的见解,我之所以提及马吉安,只当他是个例证。我们要探讨的是根本的存有,这是专属于哲学的主题。

自律性与泛律性

哲学是关于宇宙(或是任何存在)的知识。对哲学家来说,他们必须提出绝对的问题,换言之,哲学家不能以他先前的信念作为起始点,也不能预先接受任何知识。那些已知的事物已不再是问题。然而,那些哲学之外、无关哲学或先于哲学的知识，由部分而非普遍观点而来的知识，都是次等的认知过程，相对于哲学天生就行走于高峰的知识形态，它们显得一点帮助都没有。从哲学达到的高度往下看，其他种类的知识都具有某些天真的相对性错误，换句话说，这其中又会出现某些疑问，也因此，尼古拉斯-库萨（Nicolas of Cusa）才会称科学为"有学问的无知"（docta ignorantia）。

哲学家采取的立场及极端的理智英雄主义色彩，若不融入身为哲学家不可避免的志业（beruf），他一定会感到非常不舒服，哲学家必须让思想产生必然的自主性。这表示哲学家不能依赖他可能预先创造出各种先于哲学的立场，同时，他也要保证自己不会立基于任何未证实的预设真理上。哲学是门没有预设立场的科学。在我看来，哲学乃是一套真理系统，任何来自系统外的、没有经过证实的真理，都不会纳入基础。因此，所有的哲学真理都是哲学家通过哲学方法证实的。哲学是自律且独立自主的心智法则，我称这个特色是自律性原则。这个原则是直接联结我们与过往哲学之批判历史的关键，通过它，我们得以回溯现代思潮的伟大推动者与撼动者，让大家有资格成为笛卡儿最新的思想后裔。日后我们将跟随笛卡儿怀疑各种想法。这位哲学家跨出的第一步，就是先清除心灵已接受的信念。当他将心灵转化成毫无任何真理存在的荒芜孤岛后，他便让自己成为荒岛上的隐士，迫使自己实行《鲁滨孙漂流记》中有条不紊的方法程序。这就是笛卡儿"方法学上的怀疑"之真义，而这种怀疑方法，也正是让笛卡儿永远成为哲学知识把关者的原因。这并不表示我们要怀疑所有值得怀疑的事物——即使每个有智慧的人都会不断怀疑，而是我们必须怀疑那些不被怀疑，但原则上可以怀疑的事物。这种方法上与技术上的怀疑乃是哲学的手术刀，它的运作范围远大于一般人习以为常的普通疑虑，不受限于明显的可疑之事，直指可进一步怀疑之事物。这也是笛卡儿著名的《沉思录》之标题不是"论令人怀疑的事物"（De ce qu'on revoque en doute），而是"论可以怀疑的事物"（De ce qu'on peut revoquer en doute）的原因。

于此你会看到所有哲学的典型面向：它所戴的悖论（Paradox）假面。所有的哲学都是悖论，它与一般人的普通看法不同，其原因在于：对于各种重要且基本的信念、那些日常生活中一点也不被怀疑的信念，哲学都视它们是理论上可怀疑的事物。

一旦哲学家通过自律性原则回溯至在理论上都不容怀疑的最初真理，这些真理因而证明或确认自身的真理时，他的观察对象就必须转向整个宇宙，他必须拥抱并征服那完全的整体。那最为严谨且确实的基础真理点，必须宛如橡皮一般延伸并涵盖所有存在之事物。相对于这种小心谨慎、静修苦行式的自主性原则，我们还要持有另一种相反张力的原则，即普遍主义（universalism），这是人类在心智上对整体的渴求，我称之为"泛律性"（pantonomy）。

自律性原则是否定性的、静态的、谨慎的原则，它让我们小心安稳地面对问题，却无法帮助我们往前迈进，它既无法替我们定位，也无法指出前进方向，光有自律性原则是不够的。除了让自己不误入歧途，我们还必须做出正确的抉择、持续推敲问题，由于我们的问题是定义整体宇宙，因此发展的每一个哲学概念，都必须针对这个目标量身打造。这种做法和其他学科的概念不同。因为它们认为宇宙中的各个部分都是独立分离的，或者只是假想的整体。当物理学郑重地告诉我们物质是什么，它的态度好比整个宇宙中就只有物质似的，它让我们觉得物质就是宇宙的全部。物理学一直试着吹嘘自己是纯正的哲学，这种破坏性的伪哲学就是唯物论。相反，哲学家要做的，则是寻找物质身为宇宙之片段的价值所在，他会找出每件事物的终极真理，以及该事物在整体中所扮演的功能与角色。这种概念性的原则，就是我所说的"泛律性"，或者也可称为"整体法则"（the law of totality）。

自从文艺复兴以来，一方面自律性原则盛极一时，甚至过分强调其排他性，以至于遏止了哲学思想的发展，使之近乎瘫痪。另一方面，泛律性原则（或是普遍主义）只有在古代哲学，以及从康德到黑格尔之间的短暂浪漫哲学时期才偶尔受到重视。我甚至可以说，这是让我们可以与后康德时期（post-Kantian）的哲学系统相提并论的唯一要素，除此之外，该时期的理念风格几乎完全不受时间影响。然而，这唯一的巧合却极度重要。这相同之处，在于我们并不满足于单纯的不犯错，同时我们还认为，成功的方式不是缩小眼界，而应该是尽其所能地延伸拓展，进而将这种方法转变为理智上的至高原则，能够无所遗漏地思索一切事物。自黑格尔之后，人们忘记了哲学乃是全面且完整的思想，它具备所有的优点，当然，也包含所有的缺点。

我们所希望的哲学，是纯粹的哲学，这样的哲学能够接受自身的命运、光辉及不幸，它不会妒忌地为自己四处寻找别的学科才有的优点，例如数学的正确性，物理学的应用性和可通过感官来验证的特性。19世纪的哲学家之所以如此不忠于自己的信条，绝对不是偶然。那段时期中，西方世界的主要特色就是不愿接受自身命运，并渴望变成另一个不是自己的角色。因此，那段时期在本质上就是革命的年代。

第五章

总而言之,我说的那种"革命精神"并不只是改革的冲动,即使这种冲动总是优秀且高贵的,它还显示人们具有"相信自己拥有无限能力以担当另一个不是自己的角色"之信念,此外,它也代表人们相信自己只要能构思世界与社会的最佳秩序与情境,就会达成与实现这些可能性;然而,人们却没有发现,社会与世界都存在一些本质上无法改变的结构。这些事实不但让我们的改革想法不易实现,更让没有注意到这些事实的改革行动显得琐碎而不重要。这种乌托邦式的革命精神试图改造事物,使它们变成永不可能变成也永不可能有理由变成的事物,对此,我们应该以品达罗斯[1]推行的伟大伦理原则取而代之,他在诗中清楚简洁地说:"排除万难做自己。"

哲学应该对自己的卑微角色感到满足,抛开不属于自己的知识美德和其他的求知方式,才有可能闪耀原有的光辉。哲学表现出想拥抱并涵盖这个宇宙的雄心,虽然乍看之下有些疯狂,但它仍是谦虚审慎的学问。所谓的宇宙(或者所有之存在),并不是所有事物中的"每一事物",而是每一事物的普遍性面向,因此,可以说宇宙只是每个存在的一个面向而已。在这样的意义下(唯有在这样的意义

---

1. 品达罗斯(Pindaros,前 518—前 442 年),古希腊抒情诗人。

下），哲学的对象是局部性的，唯有通过这种局部性，每个存在才能回归整体，回归到核心的部分。我们也不妨说，归根结底，哲学家也是个专家，在众多宇宙里的专家。

正如爱因斯坦认为"度规"（metrics）是所有物理概念的基础（由于度规是经验性的，故它是相对的，也因此人们一开始都视它是限制，有时甚至当它是错误原则），哲学想要概括整个宇宙的智性雄心，也是哲学概念的逻辑基础与根本方法（强调这点是非常重要的）。尽管乍看之下的哲学似乎是出于缺陷或疯狂的雄心，这却成就了它庄严的命运及成果丰硕的美德。对那些十分熟悉哲学问题的人来说，视这种"必须包含整体的坚持"为逻辑原则似乎有些奇怪。传统上，逻辑原则只包含了同一律、矛盾律、充足理由律及排中律。这里牵涉到非正统学说，我现在只希望你们稍微留意，稍后将见到这个非正统学说的深刻含义及其重要理由。

不过，关于哲学概念，我们还是必须再加上崭新且重要的特质。这项特质似乎太显而易见了，以至于几乎不需要做出正式论述。它是非常重要的特质。我们称哲学是理论知识，或是理论。所谓理论，则是由一整组概念构成，这里指的概念是严格意义下的概念。在这种严格的意义下，概念定义成是可用语言表达的心灵内容，那些无法诉诸文字的、无法表达或言说的，不是概念。或许那种不可言传的知识才是你真正想要追求的（其中可能包含了至高无上的知识形态），但那种知识不是哲学希望探究的对象。以普罗提诺（Plotinus）和柏格森的哲学思想为例，他们通过概念传达信息：真正的知识来自意识的出神状态，在这个状态中，不需要经由任何媒介或间接的概念活动，意识就可以超越理智或观念的极限，直接接触到真实的实在。关于这点，我们必须说，如果他们能够以"非出神"的方法证明出神状态的必要性，那么我们就愿意称之为哲学，但若他们只是直接从概念跳入神秘的出神状态，那么这就不是哲学。

神学家对神秘主义的辩护

大家都记得阅读神秘主义作品时感受到的诚挚。神秘主义作家带领大家经历了奇妙无比的旅程。他告诉我们，他曾到过宇宙的中央，到过那绝对的核心。他主张大家追随他的脚步。当我们满心欢喜地依循着向导的指示出发，却惊讶地发现：这位曾经接触过如此特别的元素，曾经沉浸在如此惊人的世界，曾经进入宛如上帝、宛如绝对或宛如唯一的确切深渊之人，竟然没有因此受到干扰、震惊，或失去世俗的人性，他并没有感染任何与众不同的新鲜气息。当戈蒂埃（Théophile Gautier）从西班牙的旅程回到巴黎，每个人都可以从他晒成棕色的脸庞上感受到比利牛斯山另一侧的阳光。根据不列颠的传说，那些曾经下放到圣帕特里克洗罪所的人，都将不再有笑容。僵硬的脸部肌肉、那渴望一笑的认真工人，都可以证实他们的秘密旅程。然而，历经旅程的神秘主义者却没有出现任何改变，尽管充满力量的物质曾经包围他们，但他们没有受到任何撼动。毕竟，如果有人说他曾经潜入海底，我们一定会试着观察他的衣物是否沾带着海藻、珊瑚或各种深海动植物的痕迹。

然而，神秘主义者鼓吹的旅程让我们产生了太过美好的幻想，这种幻想让我们放下心中暂时的奇怪感觉，并一心想要踏上神秘主义的道路。他的言语与他的道理始终诱惑着我们。世界上最令人畏惧、技巧最纯熟且精细的作家，一直都是神秘主义者。全世界所有的语言学者中，神秘主义者也总是古典文字专家，这实在令人不解，而且也不合理。神秘主义者都是语出惊人的演说家，他们拥有伟大的戏剧天赋。这里的戏剧指的就是我们灵魂中的超凡张力，此种张力的来源就是那些刺激我们对未来抱持希望的事物；一步步向其迈进的过程中，我们对未来的好奇心、恐惧感与渴望都不断倍增；随着时间的变化更新，这些感受逐步累积。如果我们与未来相隔的距离可以分割成许多阶段（无论它们有多吸引人或多糟糕），每当我们前进一个阶段，承受的张力就会重新出现并且增强。穿越撒哈拉沙漠的人会想知道文明消失的沙漠边界在哪里，但他们更想知道边界存在什么事物，以及哪些事物已然荒芜。他们甚至对沙漠的中心更有兴趣，好像沙漠中心就是最完美的沙漠代表似的。如此一来，他们的好奇心不但不会被满足，反而会像经过运动培养与锻炼出的肌肉般越来越强大。第一阶段出现的结果已经很有趣了，但第二阶段更吸引人，之后亦复如此。每个优秀的戏剧家都知道，把预示之未来分割成许多片段将可能带来确切的机械式张力。也因此，神秘主义者总是把他们通往极乐的路径分隔成许多段落。有时候它看起来像座具有多层围墙的城堡，好像是日本的盒中盒那样叠藏了一层又一层的盒子，圣特里莎的方式就是如此；另外一些时候，它又有如登山般历经一峰又一峰的山巅，例如圣十字若望（St. John of the Cross）；或者它会像阶梯般，每阶都允诺新的视野与愿景，例如圣天梯若望（St. John Climacus）。我们必须承认，每当到达新阶层，我们的憧憬都会出现些许破灭：我们并没有见到巨大的进步。不过，我们却一直对下一阶层可能带来的新奇事物充满希望，让我们保持勇气与警醒的，正是这种希望。

但是，当我们到达最后的屏障、最终的一阶，也就是迦密山（Mount Carmel）[1]时，一路上滔滔不绝的神秘主义向导告诉我们："现在你们自己留在此处，我将进入出神状态。当我回来时，我将告诉你们有关它的一切。"我们听话地等着，心中充满期待，希望他自神秘的深渊回来时，我们可以亲眼见到他身上沾带的神秘色彩，并从他的衣服上清楚地闻到那来自世界另一侧的风之气息。现在，他回来了，他走向我们说："嗯，你们应该知道，我无法告诉你们任何事情，因为我所见的事物乃是无法描绘、不可言说也不应该记叙的。"这位总是口若悬河、能言善道的神秘主义者，竟然在最关键的时刻哑口无言；更常见的糟糕情况就是，他只从另一个世界带回无关紧要的信息，这些情况几乎降低了"另一世界"的声望。德国有句谚语说："远行而归者，必能言其所见。"然而神秘主义者从他奇异的旅程归来，却没有（或几乎没有）带回任何能与众人分享的信息。我们原来只是在浪费时间。古典文字专家变成了无言专家。

关于这一点，我认为大家应该对神秘主义抱持严谨的态度。在严格的意义下，这种严谨态度不包括认为神秘主

---

[1] 迦密山是以色列北部的一座山脉，原意是"上帝的葡萄园"，历代的帝王与先知都曾在此筑坛祭拜。

义是种迂腐的精神病学病例，也不包括对神秘主义产生先入为主的排斥。相反，我们应该接受他们的提议并假设他们的言论是真确的。神秘主义者认为他们可以得到超越实在的知识，如果这种在极乐状态下所获得的智慧战利品确实比理论知识更具有价值，我们将毫不犹豫地放弃后者并全然接受神秘主义。可是神秘主义者却只告诉我们琐碎且极其单调的东西。神秘主义者如此回答这种批评：在极乐状态中获得的知识乃是超越所有语言的知识，那是至高无上的非语言知识。这种知识只有通过个人的亲身体验才可能得到。神秘主义著作和科学著作的不同之处在于，它不是一门有关超越真实存在的教条主义，而是一幅寻找真实存在的路线图，一种方法的讲述，一套让心灵能够触及绝对的旅程计划。神秘主义的知识是不可转承的，它在本质上是沉默的。

但是事实上，我们也不应该因为神秘主义太过强调沉默与不可转承的某一类知识特质，就提出反对。我们眼睛所见颜色和耳朵所闻声音，事实上都是不可言喻的。真实色彩的特殊色调无法用言语表达；唯有亲身看见色彩，才能够明白看见色彩时的感受。世界上的各种色彩对我们来说是如此清楚，但我们无法将这种色彩感觉传达给盲人。如果我们拒斥神秘主义的理由只是因为他们无法言传所知，那么这是我们的错误。我们必须彻底根除那种"民主式知识"的想法，也就是"唯有众人都相信我才愿意相信"的想法。不！有些人就是能比其他人见到更多事物，如果这些人及其所知的确较为优秀，那么其余的人也就只能接受。换句话说，看不见的人必须信任看得见的人。

但有些人可能会说："我们如何能知道他们真的看到了旁人看不到的事物呢？毕竟世界上充满了骗子、爱慕虚荣者和疯狂之人。"对我来说，要找到此中的判准似乎不太困难。假如能见我所不能见的人，真的因为他见到与知道的事物而呈现出明显的优秀，那么我就愿意相信他。换言之，我是以其结果作为判准的。因此，你们要注意，神秘主义之所以不太受人尊敬，并不是因为它不可言说与不可转承的神秘认知过程，在稍后，我们会见到其他认知形态，这些认知形态一样具有不可用语言沟通的特质，但它们一直能让沉默的俘虏感到愉悦。我之所以反对神秘主义，是因为它们的神秘经验并没有为人类带来任何心智上的好处。还好，有些神秘主义者变成神秘主义者之前已经是超凡的思想家，如普罗提诺、爱克哈特大师（Meister Eckhart）及柏格森；这些人都有着多彩多姿的丰富思想、逻辑与各种表达方式，相形之下，他们在极乐状态中所发现的却是贫乏至极。

第五章

神秘主义倾向于探索深奥的事物，并臆测深不可测的特质；至少我们可以说，神秘主义受到了这些事物的吸引并充满兴趣。哲学则完全背道而驰。哲学不喜欢像神秘主义那样沉浸在深奥晦涩中，相反，它希望从深层浮出表面。哲学其实和一般人的刻板印象不同，它非常注重表面性，也就是说，对于那些隐蔽的、神秘的、沉潜的事物，它极为努力地以开放、清晰且明确的方式带到表面上来。它厌恶神秘主义及其宣扬者呈现出来的危言耸听姿态。哲学可以引用歌德的话对自己说："我决定成为致力于转晦涩为清晰的人。"

哲学对透明清澈、朗如晴天般的知识充满无比的向往与决心。它的基本主张就是要阐述那些隐蔽的事物道理，并将知识带回表面，希腊哲学最初自称为"重现、揭露及破除隐蔽的过程"，而这种表明与显示的过程就是对"道"（logos）的阐述。如果神秘主义是保持沉默，那么哲学就是用最赤裸与清晰的语言文字表达并发现事物的存在本质，那就是事物之存有，即存有学。与神秘主义相比，哲学喜欢成为可以高声宣扬的秘密。

我记得在几年前写过这样的文字："我完全理解而且也部分同意教会不同情神秘主义的立场。教会之所以对神秘主义缺乏同情，似乎是害怕神秘主义着迷般的狂喜探索过程会降低宗教的声望。那种极乐状态，或多或少是种疯迷状态。因此，神秘主义者将自己比喻成酒醉之人。他们欠缺方法和清澈的心智。他们将狂欢的特质加入到人与上帝的关系中，这种做法引起内心静肃之真正教士的反感，这种情况就像是天主教神学家厌恶那些相信自己能在狂迷状态中得到启发的女巫一样。在所有的教团中，骚乱的鼓吹者喜欢神秘主义那种酩酊大醉式的无政府状态，对于教士(也就是教会)清楚且有秩序的理智，他们觉得枯燥乏味。很遗憾，我并不能苟同神秘主义者的偏好。我远离他们的原因，是来自我对真实问题的探索。任何一套神学，似乎都比所有神秘主义之出神体验的加总，更能为我们带来关于上帝的信息，以及更多神圣的暗示与批注。"

"就像我曾经说过的，当我们以怀疑的方式接触神秘主义的出神状态，我们必须先试着聆听他们的说法，并接受他们超验的沉浸经验（无论那是什么），接着仔细看看他们所提供的是否有价值。然而我必须说，跟随神秘主义者完成他的崇高旅程后，他能告诉我们的只不过是些鸡毛蒜皮之事。我相信当代欧洲人民的心灵正体悟着几近全新的上帝经验，也正面临与所有真实存在有关的重要发现。在这个过程中，我深深怀疑神秘主义的秘密道路是否真的能帮助我们丰富那些与神圣有关的想法，我相信唯有光明的理智推论才能产生帮助。我的选择是神学，而不是出神的状态。"

我乐见德国新神学运动的觉醒，在巴特的著作中，他强调神学乃是"与上帝说话"，而不是对其保持缄默。

虽然我说了这些充满保留的话，但我并不认为自己是在贬抑神秘主义思想家的思想。在其他不同的意义与面向上，他们仍然充满趣味。今天，我们比以往更需要从中学习他们对极乐状态的想法（是对极乐状态的想法，而不是极乐状态本身，后者显然并不重要）。我们将另寻时间探讨神秘主义者对极乐状态想法的重要性。我所保持不变的看法就是：神秘主义哲学并不是我们应该以哲学之名进行的事。哲学的唯一最初限制，就是它的目标必须是"成为一种理论知识"和"成为一套概念系统"，它必须是可以言说的事物。现在，让我们再度回过头来为哲学找出词汇，使它能够与现代科学互相匹配，我要说，如果物理学包含所有可以度量的事物，那么哲学就是宇宙中所有可以言说的事物。

第六章

现在我们知道，哲学并不是别的东西，它只是关于理论知识的活动，它是关于宇宙的理论。虽然"宇宙"这个词让我们视野大开，它更给"理论"这个严肃的词增添了活力与快乐，不过我们不要忘了，我们要做的，并不是以临时的上帝姿态开创宇宙，我们要做的，乃是开创关于宇宙的理论。

因此，哲学并不是宇宙，它甚至还与宇宙的脉动，也就是与我们所谓的生活有些距离。宇宙中的事物并不是人类生活的对象，它们纯粹只是人类沉思与理论建构的对象。当我们沉思某一事物，我们必须先能置身事外，并坚决与之保持清楚的距离。我们的目标，不多也不少，就是要建立一套理论，或者说是建立一套关于宇宙的概念系统。我们并不是要寻找什么非凡的东西。我们要寻找的，就是一些概念，当这些概念有次序地串联起来，我们就能借此了解存在（也就是宇宙）的本质。由于哲学问题是世界的根本问题，因此它带有些许悲凄，不过哲学本身一点都不悲凄。哲学比较像快乐的活动、令人喜爱的职业。哲学是单纯的概念联结，就好像拼图。我宁愿用这种方法介绍哲学，也不愿意用各种充满严肃气息的限制条件定义哲学。就像人类其他所有的伟大事业，哲学也拥有它活泼的一面，也因此，它才能在面对事物时始终保持清新的幽默与严密的关切。

理论与信念

我还要再说一件事，你们现在或许觉得这件事奇怪，但根据我长久以来的经验，它不只对哲学来说有价值，对所有的科学和所有严格意义下具有理论性质的活动来说，也同样价值不凡。我要说的是："当任何人第一次接触一门学问，最能够让他轻松融入并了解自己所从事之工作的方法，就是告诉他：'对于你听到的事物和别人要你思考的东西，先不要评判它们值不值得信服；不要想得太严重，当它是一场游戏吧，当自己是受邀观察其中规则的座上宾。'"

这种一点都不严肃的心态，就是开展科学研究时应有的最佳氛围。其中的道理非常简单：对于科学的新手来说，"信服"和"严肃以待之"代表着非常牢固、坚实且深刻的心境，只有面对最惯常且根深蒂固的事物时才会出现这种心境。举例来说，我们相信太阳每天都会在地平线的后方落下，或者我们相信眼前的各种物体都是实然存在于身体之外，这些信念以近乎盲目的姿态根植于生活习惯中，相形之下，我们在心理上信服天文或观念哲学的强度就很难与之相比。科学是通过真理与理性建立信念，正因为如此，它没有办法也没有理由接触我们的灵魂。换言之，它不具有那种能够触及心灵的特质。科学的信念来自纯粹的理智认可，而理智认可的背后一定有某些特定的理由推动着，这和那些来自人性最深处的重要信念与信仰并不相同。正如亚里士多德所说，真正的科学信念乃是"源自于外"，我们必须从周围发掘它们。

在我们周围的，就是智性。智性并不是我们本质中最深层的部分。相反，智性其实像是布满触角的敏感表层，它包覆我们非智性、非理性的最内在部分。巴雷斯[1]对此曾做出非常好的描述："智性是我们微不足道的表层事物。"

智性宛如我们最内在核心的表面，它存在于外在事物

---

1. 巴雷斯（Maurice Barrès，1862—1923），法国小说家。

和自我本体间，它的功能并不是成为自我，而是要呈现自我、反应自我。虽然智性并不是自我的一部分，但它存在于每个人身上，只不过有些人拥有的智性比其他人多。然而，无论每个人拥有的智性是多或少，智性的本质都相同：对每个人来说，二加二都等于四。因此，亚里士多德及阿威罗伊[1]的追随者都相信，宇宙中仅存在单一的智性，只要我们拥有智性，我们就拥有同一智性。

让每个人各自独立的原因便藏于其后。现在我们还不会深究这个深奥的问题。不过，我刚刚说的已经足够显示：智性无法与我们习以为常的非理性信念相抗衡。每当有科学家想要推举他的观念，使之成为重要的生活信念，他便开始质疑自己的科学。巴罗哈[2]小说中的主角曾对他的同伴说："这个人对无政府主义的信仰就有如他对圣母玛利亚的信仰。"另一位同伴接着说："信仰就是信仰，永远都一样。"

同样，相较于对正义的渴望，对食物与水的饥渴总是在心理上较为强大，也总是具有较强烈的非理性力量。在生物体中，当某个活动的层次越高，该活动的活力、稳定

---

1. 阿威罗伊（Averroës，1126—1198），伊本·路西德的拉丁名音译，阿拉伯哲学家、神学家。
2. 巴罗哈（Baroja，1872—1956），西班牙小说家。

度与效率就越低。举例来说，感官功能的衰退速度比自主功能（vegetative functions）的衰退速度快，那些需要意志与思考之活动的衰退速度更胜过感官功能的衰退速度。一如生物学家所言，生物于其演化晚期获得的功能（通常是较为高级且复杂的功能）乃是最容易失去的功能。换言之，最有价值的功能也总是最危殆的。面对冲突、挫折与激情，我们总容易放弃理智，好像把理智高挂在墙上——即使是最有理智的人也是如此。相同的情形也发生在道德感与美感之中。在人类本质的驱使下，上位者总是不比下位者有效率、坚实及乐于迅速接受。这个看法有助我们理解普遍的历史现象。上位者为了完善其扮演的历史角色就必须等待，直到下位者给予他适当的舞台与时机。上位者的角色实现与功能履行取决于下位者，后者赋予前者力量，虽然这可以说是盲目的，但它无可取代。

因此，理性不应骄傲，相反，它应该关注并帮助其他较不理性的力量。理性观念无法正面对抗本能，它必须迂回巧妙地驯化、征服、迷醉本能，而不能以大力士的拳头对抗本能。它必须效法俄耳甫斯（Orpheus）用超凡音乐驯诱野兽。其中道理，就如同阴柔和坚韧的女性手腕，它不像男性采取直接强加式的做法，而采用无为而治、风行草偃的方式。女性的作为看起来总像没有作为，她们以甜蜜姿态表达包容和支持。就如同黑贝尔[1]所说："对女性来说，作为就是承受。"同样的，理性观念也是如此。希腊人所犯的基本错误是他们误以为理性观念可以因其清晰的本质而自给自足、自我彰显，在完全不假外求的情况下实现其"道"与"理"。在宗教的领域外，这种看法只是幻想，而历史的真实存在无论是好是坏，都绝不虚幻。

愉悦

这也就是为什么，我希望对哲学有兴趣的人不要严肃待之；我希望他们能以从事运动或游戏的心境面对哲学。与生命相比，理论并不沉重、可怕或正经，它反而像是游戏。"我要说的是，人类就像上帝手中的玩具，其中最值得称许之处，在于人们具有视这一切是场游戏的能力。无论是男是女，每个人都该以此为志，对抗当下的主流意见，都应该努力让自己的生命充满各种美丽的游戏。游戏、玩乐、风趣及文化，才是我们认为人类生命中最重要的事。"

这又是段有趣的言语。我宣告的这段话并不是我想出来、说出来或写出来的，这些文字来自柏拉图。它们不是

---

1. 黑贝尔（Hebbel，1813—1863），德国诗人、剧作家。

随便的文学创作，而是柏拉图在晚年谈到那"需要极大智能"的主题时，灵光一闪写出来的。这段充满智慧光辉的话语仿若七彩灿烂的光芒，让我们得见柏拉图高贵的形象，这在他善于隐藏自己的文字中是非常难得的。这些文字来自柏拉图未完成的最后著作——《法律篇》（*The Laws*）的第七卷。当他的朋友，也就是死亡，出其不意地降临时，柏拉图手中这部著作也从此永恒不朽。

柏拉图说这些话前，曾经以罕见的郑重口吻表示，他要找出人类心灵成熟时所依恃的心境、性情和情绪。虽然当时的希腊人并不知晓今日的心理学（稍后会多做说明），但柏拉图用他的才智预见了现代心理学的最新发现：我们的内心生命乃是从每个人独有的基本性情中萌发，这种基本性情构成人格的基础。我们的每项具体反应都是由基本性情决定的，有些人是悲伤，有些人是快乐，有些人是忧郁，有些人则是平和心安。为获得开化且成熟的人格，我们必须先为生命提供合适的基本性情，好比工匠必须在船中安置龙骨。柏拉图告诉我们，当他撰写此书，他正是当自己是河边的造船工匠。那支撑文化的龙骨、传承文化并保持平衡的心境，乃是来自严肃且正式的玩笑与嘲弄，这一切好比是一场充满活力的游戏或运动，我们必须理解，运动与工作的对比在于，前者并不是强加于我们身上的活动，运动既不讲求功利也不追求报酬，它是自发性的活动，我们愿意努力进行，只因为它带给我们愉悦，因为它本身就是快乐。正如歌德所说："歌喉发出的美妙声音，正是歌唱者最完美的奖励。"

文化在充斥着美好幽默的精神气氛中产生、成长及开花结果，所谓的美好幽默，指的就是愉悦感。而严肃的成分之后才会出现；当我们发展文化或达到我们目前正关注的文化形式"哲学"时，才出现严肃性。这种欢乐愉悦的心境，绝不容小觑，我们必须记住，这种愉悦感即天神朱庇特[1]常有的心境。为训练我们常处这种愉悦中，让我们效法这位奥林匹斯山的天神朱庇特吧。

柏拉图在他最后的著作中，一再玩弄希腊语言中两个十分相似的词："文化"（paideia）和"把戏（玩乐、愉悦）"（paidia）。我们在柏拉图的晚年再次见到他的老师苏格拉底的反讽精神。这种反讽精神产生了出乎意料的结果：我们读到的柏拉图最后著作的抄本中，发现抄写者已不知道什么时候该写下"文化"，而什么时候又该写下"把戏"。所以，我们都受邀进入了这场艰难的游戏，只因我们早已身处最严厉的游戏中。这种带有愉悦气息的智性，它的严

---

1. 朱庇特（Jupiter），罗马神话的最高天神，等同希腊神话中的宙斯。

格与精确就是理论。如同我曾说过，哲学这可怜的东西正好是这样的理论。

另外我们也从《浮士德》（*Faust*）中知道："亲爱的朋友，所有的理论都是灰色的，只有生命的黄金之树是绿色的。"灰色是色彩的禁欲苦行面。日常用语中，灰色代表色彩的象征性价值，而歌德指的正是这种象征。当色彩想要脱弃其彩色的身份，它充其量就只能成为灰色；生命却是棵绿树，这是过分的说法，而这棵生命绿树甚至充满修饰与点缀的说法更是过分。面对这些神奇且充满矛盾色彩的奢华生命时，人们产生典雅的愿望，希望自己能够遁入灰色，而这也让我们开始建构理论。理论中，我们交换实在与它的灵影，概念应运而生。我们不体验生命，我们思考生命。谁又知道这种生命的苦行与隐遁、这种深刻思考，是否不会产生极大的活力、至高的愉悦呢？谁知道思考生命是否不会在我们天真率直的生活中加入"超生活"的崇高渴望呢？

直觉证据

看过神秘主义者戏剧性的策略后，我要告诉大家，我们完成了第二轮的回旋，即将进入第三轮。但这次回旋的

第六章

性质和前两次截然不同。我们已在哲学架构下定义了我们想要研究的对象，如同人们解释了他们的方案与计划。由于哲学是一套关于宇宙的知识，而且它的对象又如此宽泛且充满各种问题，因此哲学思想一定要遵循以下两项法则或责任义务：第一，它必须具备自主性，它不承认任何非自身建立的真理；第二，它必须遵循整体性法则，换言之，它不同意任何不具有普遍性价值的立场，也就是那些不以宇宙为探求对象的立场。

这就是我们在过去几个章节中所谈及的。我所说的都是为了澄清这套原理并赋予其意义。对于其他不重要的事物，我都只是以几近暗示的方式模糊带过，只视它们是位于远方、间接耳闻的事物。我想要说的是，我们讨论的这些主题其实并不真实存在于我们心中。我们谈论这些事物，却没有将它们带到眼前并亲眼瞧见它们的真实形态与本质。

所以，当人谈论到无法亲眼看见的事物，我们可以说那只是缺乏证据的盲目描述。必须有证据支持理论并通过证据发展，才能够称作真确的理论。理论是由许多不同的概念、判断及命题（你也可以称为许多不同的词语）组成。通过这些词语，我们可以判定某些事物是属于某种类别而不属于其他。然而，若要判断命题是否为真，我们就得直接检视它所陈述的对象。对此刻的我们来说，当"对某事物之陈述"与"该事物"相互一致，它就是真。事物以某种形象呈现在我们面前：它有可能是以"可感知"（可通过感官而觉知）的形象出现，如颜色与声音；也有可能是以"不可感知"（无法通过感官觉知）的形象出现，如喜悦、悲伤、正义、三角几何形态、善良，以及事物之间的关系等。

当我们能够见证到某个陈述所描述的对象，该陈述便为真。当我们接受真实的陈述，并根据亲眼所见事物证实耳闻的道理，这个陈述便可以说是有证据支持的明显真理。所谓证据，并不是来自让我们偏好某些特定词语、排斥其他特定词语的情绪性感受。相反，如果我们仅因为感性（无论是情绪或任何的感受）而被迫接受某一命题，该命题就绝不会为真。证据与感受是毫无关系的，我们几乎可以说证据与感受全然相反，感受的本质盲目，这种盲目不是来自疾病或意外，它是天生的。喜悦、悲伤、热情、痛苦、爱及怨恨都是盲目的，其原因在于它们没有眼睛，就像是植物和石头没有眼睛一样。当人们说"爱情是盲目的"，他们也一并说出许多愚蠢的话，说爱情宛如以围巾蒙住眼睛，好似它们原本可以看见却因为蒙蔽而无法看见。然而，爱情的奇特之处并不在于它的盲目，爱情的奇特之处在于它没有眼睛，也根本不曾有过。

相反，判断或陈述倚重的内容特性是证据，来自我们对该判断或陈述内容的亲眼见证。不过，我们不该一心只着重"看见"和"视觉"这些字眼，误以为我们可以从中发现它们从不曾拥有的清晰感与精确度。关于这点，我们只愿意承认以下部分：当"颜色"直接出现在我们面前，我们可以说我们看到了颜色；而当我们想象颜色却没有亲眼见到颜色（如我们现在可以想象撒哈拉沙漠的沙子特有的玫瑰色），我们便说该颜色并不直接出现在我们眼前。后者的情况中，颜色完全不存在，唯一存在的是我们对颜色的思索，是这个思索本身将我们带往颜色，让我们在心理上导向颜色。对我们来说，视觉最重要的地方在于它呈现出的主观状态，在这种主观状态中，事物以直接的形式出现在我们面前。听觉也是如此，当我们聆听，声音也是以直接的形式呈现。大体上来说，所有的感官功能都是属于这种"直接呈现"的类型。

实证主义希望严格限制知识的范畴，他们认为知识只能够来自那些呈现我们面前的事物，在这方面来说它是正确的；实证主义的错误在于它武断地认定除了感官知觉的对象，像是颜色、声音、味道与触感等，不存在任何其他能直接呈现在我们面前的事物。实证主义要求"实证"的做法（要求事物必须直接呈现）是正确的，但它局限在感官知觉则是错误的。即使我们视实证主义为感觉主义，它的做法也还是太过狭隘，实证主义发迹以来，人类发现许多新的感官知觉。过去的实证主义认为传统的五种感官知觉已足够，不过现在这个数字已增大许多，我们现在发现人类至少拥有十一种知觉。

但我们不是要指责实证主义这一点，而是它的循环论证。实证主义认为："如果一样事物无法呈现在我们面前，它就不是真的存在。所谓的呈现，指的是感官能够察觉。"然而，大家注意，"感官能察觉"与"呈现在人们面前"乃是两个全然不同的概念。感官可以察觉颜色和声音，并不是因为它们时常呈现，而是它们本身就是一种感觉状态。另外，正义和纯粹几何中的三角形即使直接呈现在我们面前，感官也无法察觉它们，因为它们毕竟不是颜色、不是气味，也不是声音。如果实证主义可以证明感官对象是唯一能直接在我们面前呈现的事物，那它就是正确的理论。然而实证主义却将它应该证明的事物当成原则，于是实证主义犯了概论的谬误，而陷入了一个恶性循环，一个循环论证。

我再次重申，"呈现"（presence）与"感觉"（sensifacience）是两种毫无关联的概念。"呈现"指的是一种方式，通过这种方式，事物直接表现在我们面前；与它对立的就是各种间接方式，在间接的方式下，事物通过关系与心灵产生接触，换言之，它们不是"呈现"，而是"表征"，就好像是某物品的相片，它只是该物品的复制、录制或影像，而不是该物品本身。另外，"感觉"指的是另一种特殊的事物，它们可以直接接触感官，它们与上述那种需要通过关系与心灵接触的事物完全不相干。我们说过，实证主义"坚持人类只应该通过见物听声获取知识"的主张是明显错误的，而现在，否认世上存在"感官不可感知却直接呈现于我们面前之事物"的看法，更是错得一塌糊涂。笛卡儿举过一个清楚的例子：没有人亲眼见过具有 1000 个边的多边形，但我们绝不怀疑它可以像四边形那样直接地呈现在我们面前，就像我们清楚地理解"千边之多边形"的精确意义，我们不会混淆它和多于千边或少于千边之多边形的意义。

因此，我们必须保留实证主义坚持的直接呈现方式，却要同时避免陷入狭隘。唯有让所有的事物都呈现在我们面前，才能够探究其真伪，至于它们会以何种方式呈现，就留给该事物的自身特质决定吧。这种主张意味着实证主义得以彻底扩充，如同我在几年前写过的文章：相较于"部分且受限的实证主义"，现代哲学或许可称为"绝对实证主义"。我们将在稍后看到，这种绝对实证主义确实纠正并克服了过往哲学经常出现的缺陷，即过度强调感官知觉。

有时候（在多数的英语世界），哲学会正式、有意识地与感觉主义画上等号。也有时候，哲学并不希望自己被定义成感觉主义，但它仍然与其脱离不了关系，像是受到枷锁的羁绊，这种情况在柏拉图甚至亚里士多德身上都看得到。若非如此，普遍性这个哲学问题就不会在中世纪时变得如此重大。不过，我们现在并不打算讨论这件事。

目前最重要的，就是要强调真理乃是建立在证据上，除此之外，别无其他理论上的严格真理。这表示，为了谈论某件事物，我们必须先看见它，而这里的"看见"，指的是视其本质而定的直接呈现。当我们在探讨视觉，我们不使用这个狭隘字眼，我们采用"直觉"（intuition）这个词。直觉是世界上最不奇幻也最不神秘的事物。它的精确定义是"当物体呈现在我们面前时的心理状态"。因此，这里的直觉包含与感官有关的直觉，以及无须感官的直觉。[1]

举例来说，我们对橘子的颜色产生直觉，也对橘子本身产生直觉，另外对于橘子的球状也产生直觉。在这些情况中，"直觉"都代表直接呈现。现在让我们比较这些直觉，关于颜色、形状、橘子本身的直觉在我们心中的呈现方式。

见到万花筒折射的光谱，我们可以用眼睛去寻找"橘

---

[1]. 这里的"直觉"不是一般日常生活中常说的"第六感"或某种敏锐的猜测，它指的是"直接的感知"。

色"这个词在我们心中代表的东西。我们可以找到心中的那个颜色，我们的眼睛也将为我们呈现那个颜色；我们心中的"橘色"概念因为视觉带来的直接感觉而实现、完整化，并达到满足。当我们思及这个颜色，它是我们心中唯一的思索对象，我们也能够丝毫不差地感觉到该颜色。我们可以说该颜色与其概念完全相同，或者说它们就是同一事物，换言之，我们对该颜色有完整的直觉。

然而，"橘子"这个物体的呈现方式却不是如此。当我们想到橘子，我们心中想到的、指涉的事物是什么？我们想到的东西乃是具有许多特质的事物，除了它的颜色，它还具有固定的球型外表，表皮是由具备些许韧度的物质构成。我们想到的橘子有表皮与内絮；此外，由于橘子的固定球型外表，它必然有两个半球。我们是否能够实际看见全部呢？我们知道，无论如何努力尝试，每次总是只能看见一半的橘子，也就是面对我们的那个半球。根据不可改变的视觉法则，面对我们那一半一定会挡住背后的另一半。当然我们可以采取全新的视角，转过橘子并看见另外一半，但这样做也使我们无法再见到先前可见的那一半。这两个半球永远无法同时呈现在我们眼前。此外，我们此时所能看到的也只不过是橘子的外表，它的内絮仍然藏在表皮下。为了看见橘子内部，我们可以切成片状，但无论切得多薄，我们也不会看见完整的橘子形象，它永远不会和我们心中的橘子形象一样。

每项证据都在显示：当我们说看见橘子，事实并非如此。而且，无论呈现在我们眼前的是来自单一视觉，或是许多部分视觉，它们都不同于通过思想呈现在我们心中的整体橘子形象。我们想的总是比见到的多；我们对事物的概念包含视觉无法传达的东西。这表示，我们对于橘子和其他各种具有形体之事物，只具有不完全且不充分的直觉。随着时间改变，我们可以一直对该物体产生新的视觉，并加入先前已有的视觉中，例如，我们可以将橘子切成薄片，借此看见之前遮盖的部分。然而，这一切却只告诉我们，我们对物体（或由物质构成的事物）的直觉虽然可以不断地修改以求完美，但它终究无法达到完整且完备的境界。不完整的直觉、总是不断接受修改以求完美的直觉、一直朝着完备逼近的直觉，就是我们所谓的"经验"。对于物质构成的事物，我们只能通过经验获取知识，换言之，这种知识只能算是逼近真理的知识，而且它总是经由再修改而更接近真实。

至于那称作"橘色"的颜色，它不是物体，不是由物质构成。它仅是颜色，纯粹且独立。我们可以区分颜色和承载该颜色的物体，也可以区别它和实现该颜色的物质。

由于颜色只是抽象的,因此我们才能见到它完整的形象。

接下来让我们探讨第三种直觉的对象:几何学中的圆形。关于圆形,我们发现心中的圆的概念和所有由物质构成的圆,或者和所有可以用物理方式建构出来的圆相较(例如画在学校黑板上的圆和印在几何学书本中的圆),心里的概念都显得不严格、不精确。换句话说,真正的"圆"并不是可以看见的形态,它并不能通过眼睛见到。然而,它却毫无疑问地呈现在我们心中。

但是,如果圆的概念不是从我们见到的圆形而来,那它到底是从何而来呢?概念不是创造出来的,它们不会凭空蹦出来。概念一定是关于某种事物的想法,而且该事物一定要先以某种形式在我们面前出现过,我们才有可能思索它。即使我们有能力凭空创造,也得先创造出该物体并让它呈现在我们面前,接着才能思考它。以圆来说,我们对圆拥有直接的直觉,我们无须通过任何影像就能在心中找到它,即使真的需要影像,我们也只需要模糊的概略影像。接着,我们就可以比较心中的圆的概念和实际所见的圆。

如果我们想分析那种纯粹且超越经验的直觉,那会耗费太多时间,不过,以下解释可以帮助我们理清一些思路。首先,圆是一条线,而"线"则是由无限多的点构成。无论线多短或多有限,我们心中对线的概念都是无限多的点的集合。那么，"无限多的点"又是什么意思呢？当我们心中想着"无限多的点"这个概念，我们究竟想到多少个点？有人可能回答："无限多。"但是很抱歉，我想要问的是，当我们想到"无限"多个点，我们是否想到了每一个构成"无限"的点？我们是否想到所有的点？答案当然是否定的。我们想到的只是某个有限数量的点，然后我们会加上规则，就是我们可以再多加一个点、另一个点及另一个点，毫无止境地增加。

这样下去的结果是，当我们思索"无限"这个数量时，我们便会无法停止，我们认同"无限"这个概念意味着我们承认它无法包含它所指涉的一切。或者我们可以说，我们思考的对象事物"无限"，超出了我们对它的概念。不过这代表当我们思考"无限"时，我们不断拿"我们对无限的概念"和"无限"本身比较。因此，当"无限"呈现在我们面前并接受比较后，我们发现了概念的不足。关于数学上之连续性（例如线）的直觉，我们发现这种直觉与概念是不一致的。而且，这种不一致与"橘子"的例子不同，在"无限"这个例子中，直觉给我们的超出思想所给的。事实上，"连续性"及"无限"给我们的直觉，是无法还原成概念或理性思维的。换句话说，"连续性"乃是非理性的，它是超越概念、超越逻辑的。

第六章

近代的理性主义试图要为自己创造出"可以将数学的'无限'还原成概念"的幻境（理性主义根本就是自傲地活在幻想之中），在康托尔（Cantor）的推动下，理性主义（通过纯粹逻辑）扩充了数理科学，并以19世纪粗暴的帝国主义方式拓展版图。它之所以能够如此扩展，是因为它忽视了问题本身。为了要让数学家恢复清醒，我们要凸显某些基本且不可化解的矛盾，例如著名的"群的二律背反"（antinomy of the groups），唯有如此，所谓的数学逻辑才有可能回归直觉。这个极为重要的运动正在我们这个时代进行着。新一代的数学家已认识到事物中的非理性部分，换句话说，他们接受自身的命运，同时也让逻辑接受它本身的命运。

所以我们知道了一个事实：数学的对象（包括那最奇特且神秘的"连续性"）是可以直接呈现在我们面前的；它或许会以与思想一致、贴切的直觉形态出现，或者它会以更丰富的、超越思想所及的形式出现。为了证实我们提出之命题的正确性，我们只要求在直觉中能找到所有的思想内容。至于"直觉中也可能包含其他我们不能思考或不愿思考的元素"这个事实，则不会影响真理的主要意义。严格来说，直觉包含的内容总是比我们思考的要多。因此，即使是拿我们分析过的三个例子中最简单的那个例子来说

（"橘色"的例子），我们也可以发现，其实看到的颜色总是含有某种色调是概念所无法决定的，那种色调是我们无法思考也无法命名的。其中的道理在于，橘色这个颜色乃是介于红色与黄色之间，它涵盖近乎无限种不同的橘色色调。光谱也具有连续性的本质，只不过它是质地上的连续性，而不是数学上的连续性。

因此，所有经由贴切的直觉而呈现于面前的事物，我们都可以说它们代表严格的（不只是近似而已）真理。换句话说，我们对于这些事物拥有密切的知识，而且是一旦确立就永远确立的知识。这也就是哲学中令人尊敬却又不合理，甚至丑陋的名词，那就是先验（a priori）知识。先验知识既不是实验性的知识，也不是经验性的知识，它全然不同于我们对橘子的知识。后者无法通过视觉来掌握一切，它总是保留一些仍无法看见的部分，我们对它的知识必须依赖那些可以看见的，即使我们明白这并不是确切的做法，但我们仍然必须这么做。这是受到视觉限制的知识，而这样的限制存在于每个新的视觉活动中，因为每个后验的（a posteriori）观察活动都具有相对性。

相较之下，若以三角形为例，无论我们希望以何种方式思索三角形，它总是完整且完备地呈现在我们面前。它毫无遮掩地展现自己的形状、内容和组成结构。针对三角形的直觉，我们可以花上数百年去思索所有与其有关的定理，虽然在这个过程中我们会不断刷新那个直觉，但最后的直觉与最早的直觉没有任何不同。

除了以贴切的直觉作为纯然证据所建立的真理，哲学的基本教义不允许任何其他形式的真理。我们之所以必须投入大量时间讨论"觉证据"，就是因为它是这个时代中最具特色的哲学根基。关于这个尖刻的问题，我们不可能以更小规模的方针来面对。现在，我们已经克服了困难的部分，我希望（虽然我无法确定，但我希望如此）接下来的路程将可以平顺地进入较为温暖且与我们内心息息相关的主题。我们必须好好发展上述关于证据的各种提示，正如我说过的，我们即将进入与之前不同的新回旋，在这个新回旋中，我们讨论的事物必须通过沉思才能看见。如果在这之前我们只是准备进入哲学，就像演奏会前各种乐器因为调音而发出断断续续的声音一样，我们现在可以说已经准备就绪。

哲学问题的予料

当我们在这条回旋的道路上再次行经最初的起始点时，让我们再次吹响哲学的定义吧。再次强调，哲学是关于宇宙的知识，是关于"所有之存在"的知识。现在，当你们再听到这句话，我相信这些文字满载智能的能量荡漾在各位的脑中。〔我们明白所面对问题的基本特色，我们也了解对特定哲学真理的根本需求。这其中首要的是：我们不接受任何没有亲自测试或验证的真理，只接受由我们亲手建构根基的真理。那些我们最习以为常且看似可靠的信念，那些我们用来构成假设的事物，甚至我们赖以生存的环境，都还有待验证。在这样的意义下，哲学可以说是反自然的，就像我曾说的，哲学的根本乃是"超越意见"（paradoxical）。"doxa"这个词代表的是常见的、随性的意见，换句话说就是"自然"的意见。哲学要求自己必须放弃平常的意见，并且超越它，找出更为坚实的意见。因此，哲学乃是"超越意见的"（para-doxa）。〕如果我们的问题是认知所有的存在事物、认知宇宙，那么要先决定存在哪些事物，而且在众多可能存在的事物中，我们还必须先找出确定存在的事物。或许宇宙中存在我们不知道且永远也不会知道的事物；或者反过来说，我们或许相信宇宙中存在许多事实上根本不存在的事物，换言之，这些事物并非真实存在于宇宙中，而是只存在于我们的信念中，它们只是我们的幻想。沙漠中口渴的旅行商队，相信自己在远方的空气波纹中看见了在阳光下闪耀的清澈水面，然而这看似真切的水影并不真的存于沙漠之中,它只存在于旅行商队的想象之中。

因此,我们必须区分以下这三类事物:第一,那些无论我们知不知道,都仍可能存在于宇宙中的事物;第二,那些我们误以为存在,但事实上不存在的事物;第三,那些我们确信存在的事物。最后一类乃是同时存在于宇宙和我们的知识之中。它们是确信无疑的存在,是宇宙中我们无可怀疑的部分,一言以蔽之,它们是"宇宙中的予料"(data of the universe)。

每个问题都预设某种可依据的予料,这些予料本身并不构成问题。在我们之前曾经提过的经典例子中,半沉于水中的筷子,我们经由触觉感受到的"直的筷子"就是予料,而我们经由视觉感受到的"曲折的筷子"也是予料。当这两种分别都不是问题、都是有效且不可争议之事实,却作为互相冲突的证据一起出现时,问题就油然而生。它们之间的矛盾特质出现在我们面前,这正是每个问题都拥有的特质。这些事实分别告诉我们部分且不充分的现实真相,它们各自显示出我们不希望出现的、自相矛盾的现象,即筷子可以同时既笔直却又曲折的现实世界。当这种情形越是清楚明显,它就越是让人无法接受,其问题也越显严重,它的存在也越令人质疑。

所以，必须先有予料才有疑问，有了疑问，我们的思想才可以运作。除非我们先感觉或接受某些事物，否则将无法思考它；但若我们皆完整感受到所有事物的一切面向，我们则又失去了思考的理由。因此，问题本身预设了中间状态：我们感受到某种事物，而且该予料是不完全、不充分的。然而，如果我们不知道某事物，我们就不会知道该事物并不完备或有缺陷，我们也不会知道自己其实没有意识到某些"我们已知事物所假设存在的其他事物"。这就是问题意识，也就是明白自己的所知并不足够，也就是明白自己的无知。严格来说，这就是苏格拉底引以为傲的"知道自己一无所知"这句话的深层意义。很自然的，这种问题意识正是科学的起点。

因此，柏拉图问道："什么东西具有认知能力？"动物不具有认知能力，因为它们不但一无所知，更不知道自己一无所知，而且没有任何方法可以让它们脱离这种无知的状态。不过，上帝也不具有认知能力，因为上帝事先就知道一切事物，他没有理由认知。唯有某种处于中间状态的东西，唯有介于上帝与动物之间的东西，唯有处于无知状态但又同时知道自己无知的东西，才能感受到急于脱离此状态的强烈冲动，希望自己能够冲破无知而获得知识。这处于中间状态的东西，就是人类。

知道自己的无知乃是人类的殊荣，这项殊荣让人类成为承担许多问题的神圣生物。

由于我们的问题在于宇宙，在于那"所有的存在"，因此我们必须先决定宇宙之间存在着哪些事实，换句话说，在所有存在的事物之中，我们必须先决定有哪些是我们无须寻找就已经既定的存在。那些需要寻找才能发现的事物，必然是我们所缺少的，因为它们对我们来说并不是既定的一种存在。

但是，哲学所依据的予料是什么呢？其他科学的真理形态并没有像哲学这么基本，其真理所依据的予料也比较不稳定或不坚实。哲学跨出的第一步，它必须将其智慧英雄主义的色彩发挥到极致，同时也必须彻底呈现其严格性。这也就是为什么予料本身并不是问题，但予料会在哲学面前引发重大且令人坐立难安的问题：宇宙所依据的终极予料，也就是我们可以确信无疑的存在，到底是什么？

第七章

　　正如我说的,最重要的是区分三种类别的事物:那些可能存在于宇宙中,不论我们是否知道它(的存在)的;那些我们误认为存在,但事实上不存在的;以及最后,那些我们确定存在的。最后这类事物既存在于宇宙,也是我们知晓的。

　　但是最后这个类别,我们仍需加以区分。我们对存在于宇宙中的事物产生两种确定性:有时候我们是以推论为基础,依据证明,或是确切、有根据的推断,例如看到烟,就会推测有火,虽然我们并没有看到火;看到树干上有线状痕迹,我们推测之前有什么东西在那里,也许是人,或是某种神秘的昆虫在树上爬过,留下了看似文字的痕迹。

　　这种根据推测、证明或推断来证实某种事物存在的确定性，乃是源自已确定的另一事物。也就是说，为了确认火的存在，必须先看到烟。要以推测或证明的方法证实某种事物的存在，必须先从其他既存事物更基本、更主要的确定性着手；这种更基本、更主要的确定性是不需要证明，也不需要推论的。这表示我们能够而且必须证明某些事物的存在，但这个说法预设了前提，就是世界上存在着某些我们无法也不必证明的事物，因为它们不证自明。我们只能证明那些能合理怀疑的事物，至于那些不容置疑的事物，它们是既不需要也不允许证明的。

这些事物毫无疑问地存在，驳回所有质疑，不仅让质疑失去意义，更摧毁质疑。这些事物就是"宇宙中的予料"，它们经受一切，就算是一连串批判与苛责也对它们无可奈何。我再次重申，这些予料并不是宇宙中唯一存在的事物，甚至也不是宇宙中唯一确定存在的事物，但它们乃是唯一不容怀疑的事物，它们的存在乃是奠基于一种最特别的确定性之上，那就是拱形确定性（arch-certainty）[1]。

我们接下来便要讨论这些宇宙中的予料。

---

1. "拱形确定性"这个名词出自亚里士多德对知识的看法，他认为归纳的联结必须依赖这种特别的确定性。

宇宙之真理

记得几年前我曾读过一位西班牙当代诗人胡安·拉蒙·希梅内斯（Juan Ramón Jiménez）的诗句：

> 花园之中有一清泉，
> 清泉中有狮头羊妖；
> 狮头羊妖为一女子，
> 她正伤心断肠。

由此表明，世界上得有花园，也要有狮头羊妖，才能引领诗人写出这断肠哀歌。如果这些事物都不存在，我们又如何谈论它们，并且区分它们与其他事物？我们如何得知它们的轮廓，甚至具体描绘并建造出水花飞溅的花园清泉？由于狮头羊妖只是所有相关动物中的代表，我们或许可以说这世界上还有人头马、半人半鱼、鹰首飞狮、独角兽、飞马及暴躁的牛头人身怪。但简单地说，也许太过简单，我们只要说自己是在谈论不存在于宇宙当中的幻想集合，以及只存在于梦幻与想象中的事物，就解决了狮头羊妖的存在问题。我们从真正的花园中移开这头假装与天鹅一同生活、与诗人调情的狮头羊妖，放到心灵、灵魂与精神的层面，这样一来，我们便会觉得自己已为狮头羊妖及其他数不清的怪物找到了适当的解释之道。

我们之所以迅速采取这种解释方法，是因为狮头羊妖的存在明显令人怀疑，它的真实性低到甚至不需要多做沉思就能驳斥的地步，尽管这类事物仍然在我们的灵魂深处留下了朦胧的刺痛感。如同我先前所说，我将从你的心中去除这种刺痛感，如此一来，它才不会阻挠或严重影响我们的讨论。这种刺痛感，让我想起多年前为了替堂吉诃德辩护时提出的主张。当堂吉诃德将风车当成巨人，我们嘲笑他，因为他不应该以为风车是巨人。然而，为什么人类会知道什么是巨人呢？这个世界上哪有巨人？哪里曾经存在过巨人呢？

如果世界上没有巨人，或者说不曾存在过巨人，那么人类一定曾在历史的某个时间点发现一种不存在于世界的巨人，而我们可以说，在那个当下，人类就是堂吉诃德。事实上，几千年以来，人类一直认为宇宙中存在着巨人与狮头羊妖，这些事物的存在再真实不过，它们乃是左右人类生命的事物。

这样的情况怎么可能发生在过去或是现在呢？我让这个如针如刺、挥之不去的疑问飘散在好奇的微风中，但是我再重复一次，这并不影响我们的问题。而且另一种刺痛感也将随之而来，我们一样能抚平它，因为我们现在不是在讨论狮头羊妖是否存在，或者讨论狮头羊妖是否可能存在，让我们感兴趣的，是狮头羊妖的存在是否能摆脱怀疑的阴影，因为要怀疑它们的存在并非难事，它们也就不会是宇宙中的予料了。

物理学向我们保证宇宙中存在力、原子、电子，认为这是个更加严肃且不容轻松带过的课题。但是，这些事物真的存在吗？它们的存在是毋庸置疑的吗？我们听到物理学家相互争论这些事物的存在，表示它们至少是可以怀疑的。尽管物理学家能够达成共识，并团结一致希望我们相信世界上存在着无法看见的原子与电子，我们仍然可以站在相反的立场提出以下反思：虽然原子似乎是确实存在的事物，但它对我们来说只不过是整个物理理论的终端产物。如果我们想要确认原子真的存在，那么物理理论就必须先真实无误。尽管物理理论看似真确，但它是建构在一连串推论之上的"不确定真理"（problematic truth）。这也就表示物理理论是需要证明的。因此，物理理论并非基本的、不证自明的真理，充其量只是推演出的真理罢了。我们会说狮头羊妖只存在于我们的想象中，但其实原子也是一样；换句话说，原子是否真的存在，也是值得怀疑的。目前为止，原子只存在于理论中，只存在于物理学家的思想中。原子就是物理学家心中的狮头羊妖,正如诗人想象狮头羊妖拥有爪子,开尔文勋爵[1]也认为原子拥有(可以将彼此相互串联起来的)钩子。

原子并不比狮头羊妖真实,它们都不是宇宙间的基本事实。

那么,让我们来探寻周围的事物吧,看看有什么是真确没有问题的。尽管可以质疑所有的自然科学研究,但至少我们四周有一些看得见、摸得着的东西,这些事物是科学研究当成既存事实的研究对象,它们的存在应该不容置疑才对。虽然诗人口中的狮头羊妖并不真实存在,但至少花园存在吧,毕竟花园是这么真实、可见、可触、可闻、可以买卖、可以修剪整理,并徜徉其中的。然而,当我在花园中享受新春绿意时,我发现只要一合上双眼,花园就会像是触碰到魔术机关般消失,它可以在一瞬间从宇宙中消逝。我们的眼睑就像是断头台上的利刃,可以从世界中斩除花园。闭起双眼,无论是一粒沙、一片花瓣,或者是树叶的痕迹,都将消失。当我再度睁开双眼,花园又会同样迅速地重现眼前,这种变化就像是一位"超越性"(transcendent)的卓越舞者在我面前谦恭起舞,他可以在

---

[1] 开尔文勋爵(Lord Kelvin,1824—1907),即威廉·汤姆孙,英国物理学家。

一跃之间无中生有，他的瞬息生灭不会留下任何痕迹。当我操弄其他的感官，同样的变化也会出现在嗅觉或者触觉等知觉上。

还有，当我在花园中休息时，我逐渐产生睡意，最后我睡着了，梦到自己身处花园之中。我发现梦中的花园和真实的花园一样栩栩如生。希伯来语及古埃及语中，花园代表天堂，如果我喝了酒，即使是在没有睡着的情况下，花园看起来也会如此，这些花园充斥着幻象，宛如人造的天堂。就其本身来说，这些幻觉中的花园与真实的花园毫无区别；也就是说，两者的可靠程度不相上下。或许，在我周围的所有事物，甚至我身处的整个外在世界都只是庞大的幻境。至少，能知觉到的幻境内容和真实世界一样。好了，如果所谓的幻觉就是实际上不存在的东西，那么谁能保证我们一般感知到的东西不是如此呢？一般知觉与幻觉的不同之处，在于一般知觉比较持久，而且其他人感知到的内容也和我一样。但这点无法让我们排除一般知觉中可能存在的幻觉性；我们只能说，对实际事物的知觉，事实上不是普通的幻觉，而是一种恒久不变且众人皆有的幻觉，这就是说，这种幻觉比其他幻觉更糟。

因此，所谓的感官事实并不能给予我们任何真实的事物、任何确实存在的东西。根据这项观点，生活将是一场平凡而单调的梦，一个每天都会出现的顽强幻觉。

笛卡儿的怀疑

怀疑，方法学的怀疑，就像是滴下的硝酸一样，它侵蚀着我们对外在世界存有的坚实、完整且确切无疑的感受。另一种比喻，怀疑就像是退潮时从岸边退去的浪花，带走我们周围的整个世界，带走世界里所有的事物和人，包括我们的身体，沉没于虚无中，为了挽救它们，我们抓住并告诉自己它们确实存在，但这一切只是徒劳；怀疑的浪潮淹没整个世界，我们只能看到潮流摧毁、消灭了世界，就像中国人说逝去的人是"随波而去"。

你必然会了解这一切结果对我们的严重性。我们所说的这些代表：万物、自然、人类及整个外在世界并不是确实存在，它们不是基本的事实，也不是宇宙中必然的事物。这个围绕在我们四周承载我们、支持我们的世界，这块我们立足其上的大地，对我们而言似乎是最稳定、最安全，也最坚固的，但是它的存在令人怀疑，或至少没有人能够证明它确实存在。因此，哲学不能以外在世界确实存在的事实为出发点，那只能是我们自身信念开始的地方。在生活中，我们毫不怀疑地接受宇宙中的一切事实，然而哲学却不然，哲学无法将另一门科学证明为真实的事物视为真理，甚至不能欣然接受生活相信的一切。

这正好明确表示了哲学思维的意义不在于生活，并充分说明了为何哲学在本质上是矛盾的。哲学思维并不是生活，它是有意识地置身于生活信念之外。这种摒除生活信念的立场必然是理智的，其唯一目的就是创造理论；哲学活动本身就是理论性的。

总之，这就是为什么我觉得要人们认真看待哲学是件荒谬可笑的事。有谁会"相信""重视"这种外在世界不存在的说法呢？哲学信念并非生活的信念，它是一种"类信念"（quasi-conviction），或者可称为理智的信念。对哲学家来说，重要并不代表严肃，所谓的重要，只是有系统、有条理地展现我们的概念。

但是，无论如何我们都要知道：哲学一开始就告诉我们外在世界不是基本事实，它的存在是值得怀疑的，外在世界中的种种事实并非不证自明，需要我们加以验证；在大部分的情况下，这些事实都必须有其他的基本真理作为依据。我再次强调，哲学并不是否定外在世界的存在，因为这种说法也令人质疑。严格来说，哲学想说的是：我们无法确定周围的外在世界是否存在，因此，我们既不能以它的存在作为论述起点，也不能从它的不存在出发，这都只是奠基在某种假设之上；我们不应该从假设出发，应该从确定的东西开始，意思是，我们应该以自身拥有的证据作为出发点。

但是我们先回想前面说的那个戏剧性场景，情景中，怀疑携带着强大的浪潮席卷世界，它不仅带走我们的朋友，也卷走我们自己。

那么，宇宙还剩下什么？除了怀疑的阴影，还有什么东西存在于宇宙之间？当我们对世界，甚至对整个宇宙感到怀疑，还剩下什么？只剩下怀疑，以及"我在怀疑"这个事实；如果我怀疑世界的存在，我就无法怀疑"我在怀疑"这项事实，这就是所有有可能的怀疑的限制。然而，无论我们怀疑的范围如何广大，我们都会发现怀疑受其本身的限制，也为本身所摧毁。我们寻求的是无可置疑的东西吗？这种无可置疑的东西就是怀疑本身。为了怀疑一切事物，我不能怀疑"我在怀疑"这一项事实。只有在不影响怀疑的情形下，怀疑才有可能；如果反咬自身，就会破坏自身的功效。

这个前提造就了更伟大的想法，那就是笛卡儿的近代哲学。大家都知道这个事实，这也是基本知识。我现在一再强调这点和其他众所周知的事实，虽然未出现在本演讲前半段，但这其中的许多事实我都将陆续提到。现在我们到达的阶段，可以揭示本演讲的奥秘并助我们走向达到这些奥秘的秘密途径。因此，我现在要说出多年来一直不敢公开的话；对我来说，这就像是时事评论家应该担负的责任，同时我也觉得这才是充满意义的人生，有意义的人生就宛如巴黎的歌剧院，除了地面上的建筑物，里头还隐藏了许多故事。我将在之后提到，我之所以顺应伟大的现代哲学之父笛卡儿的说法，并不是偶然。

但是现在就让我们探讨这些更迫切的问题吧。

有些人认为，笛卡儿因为不怀疑"我在怀疑"这项事实（这个观念也出现在奥古斯丁的思想中）而开启了现代思想，同时，这些人也毫不怀疑笛卡儿思想所代表的重大革新，而这样深信不疑的结果使得这些人无法了解所谓现代性的全部意义。

最重要的是，我们必须清楚了解"怀疑"这项事实的特权，才不会怀疑它；我们要知道为什么能怀疑整个外在世界，却不能怀疑微不足道的怀疑活动本身。当我怀疑时，我不能怀疑自己的怀疑，这是基本事实，也是宇宙中无可置疑的事实。但是为什么呢？我可以怀疑我正在演讲的这座戏院确实存在，因为我现在或许正活在幻境中。或许，我年轻时曾梦见自己在一家戏院中对马德里的民众谈论哲学，然而，现在我却分不清此刻是我的梦境成真，或者眼前的情景是梦境，而我就是做梦的那个人。我还能期望更多吗？从内容上来看，真实的世界和梦中的世界在本质上并无什么不同，它们彼此紧邻，就像中世纪人们说维吉尔[1]的花园与俗世的其他部分，中间只隔了一道无形的空气之墙。我们无须任何改变，就能够从真实的世界转移到梦境中，特别是这个例子，说服马德里的民众稍微思索哲学问题，无疑是我一生的梦想。

因此，我可以怀疑这座戏院的真实性，却不能怀疑"我在怀疑"这项事实，我再问一次：理由何在？答案在于，所谓的怀疑表示"我觉得"这些事似乎是可疑的、不确定的。而"我觉得某事物如何"和"我思考某事物"这两者其实是同样的事。所谓"怀疑"实际上就是一种思想活动。现在，为了要怀疑"思想活动"是否存在，我必须思考这个想法，与此同时，思考就必然存在于宇宙中，所以，当我试图抑制该想法，思想却也同时成为实际存在的事物。或者，我们可以用另一种方式说，在宇宙中，"思想"的存在是唯一不容否定的事实，因为"否定思想"本身就是思想活动。我所思考的事物或许并不存在于宇宙中，但是，"我在思索它们"这件事本身却是毋庸置疑的。

---

1. 维吉尔（Publius Vergilius Maro，前70—前19），古罗马诗人。

我再重复一遍：要让某些东西成为可疑的，我们必须先觉得它存在；除了我对它的感觉，整个宇宙对我来说似乎都是可疑的。这座戏院的存在值得怀疑，因为，我明白它的存在就意味着它可能完全独立于我之外，这表示当我闭上眼睛看不到它的存在时，它仍然独立存于宇宙间；也就是说，它不需要依赖其他事物而存在。然而，思想却是奇妙的东西，它的存在、本质，都划归成"我的感觉"。在这一刻，我只是由"我的思想"组成，我们可以说，"思想"的存在和它的真实性完全奠基在思想的本质上。思想就是它自身，除此之外别无其他。它的现象恰好就是它的本质。

至于戏院的情况就不一样了：当我看到戏院，通过眼睛感受到的内容并不是戏院的全部本质。相反，当我看不到戏院，当它没有出现在我眼前，当它没有在我面前呈现出它的样子，戏院仍然是存在的。但是，当"我感觉到自己正在看"，"我看到戏院"的这个感觉便完全穷尽了该感觉的本质；我知道自己在"看"，这个行为对我来说明显且直接。如果我正处于幻境中，这座戏院就不是真的存在，但是任何人都不能抹去我眼中的戏院景象。

基于这种推论，我们可以了解到，思想之所以存在，其依赖的宇宙之基本事实就是思想本身。而思想之所以能作为它自身依赖的基本事实，是因为它完全呈现出自我，它是纯粹的现象、纯粹的"我的感觉"。这是笛卡儿的伟大发现,它就像中国的万里长城,将哲学史切分为两半:古代和中世纪哲学为其中一半,整个近代哲学为另一半。

但是,我对自己说的这些话一点也不满意。正如你们看到的,我一直在讨论非常重要的问题,那就是心灵在理论上的首要性,也就是精神、良知、"我",或是可以当成放之四海而皆准之事实的"主体";这乃是宇宙中最为基本的事实。现在,近代的人们不仅意识到这个问题,也开始思索它,这让希腊流传下来的哲学宝藏又增添了伟大的概念。我们必须强调这点,同时也必须尽全力澄清它,以近乎疯狂的投入程度了解它。所以,请原谅我一再提到这个问题,并以各种不同的方式让你们完全了解心灵是什么,每个人都需通过不同的方式以了解意识状态、思想、主体性、精神,以及"我"是什么。

我们在寻找宇宙之中的基本事实,但是,到底是什么东西需要依赖宇宙的基本事实呢?当然就是知识。我们寻找的这些基本事实乃是与宇宙有关之知识的基础,我们必须以这些基本事实为根基,出发寻找欠缺之事物。那么我们何时才能说自己已寻获知识的根基呢?很明显,当它完全进入我们的知识中,当我们发现自己可以清楚且明确地理解它,没有任何难解的奥秘,也没有任何怀疑,当我们的知识能毫无疑问地掌握它，我们就可以说自己已获得了知识的根基。为了能在知识上把握某种东西，必须使这种东西清楚地呈现在我面前，必须让它完全呈现出原本的面貌，没有任何隐藏。

很明显，任何存在于宇宙间却没有呈现在我面前的东西，就不是基本事实。一切非自己思想、非自己心灵的东西都不是基本事实。因为要让某种东西呈现在我面前，我必须用某种方式使它进入我的心里，我必须思考它。任何我没有在思考的东西，事实上都存在于我的思想外，也就是说，这些东西不在我的面前，我没有亲眼看到它的存在。但是，当思想出现，它就是我唯一呈现在自己面前的东西；当我们认为自己看到、听到、想象到什么东西，我们所见、所听、所想象的心理活动就是思想，思想和它自己完全紧密结合，它完全掌握自己。如果我认为二乘二等于五，虽然我的思想内容是错的，但是"我认为它是如此"的这个思想活动本身却是真实不假。

思想是基本的予料，因为思想总是与其本身密不可分，它是唯一能够呈现在自己面前的东西，它是唯一能够在自我之中寻获自我的东西。现在，我们知道为什么"怀疑"的刺激只不过是刺激，怀疑的刺激只是更广泛观念中的一种尖锐的、概念化的棘手公式。怀疑本身之所以不容怀疑，并不是因为任何特别的原因，而是因为怀疑就是许多思想中的一种。如果我们说"我的怀疑"是无可置疑的存在，同样的，我们所见、所听、所想象，或是我们的意念、感受、爱、恨、所欲和无所欲，我的牙痛也都是不容怀疑的存在。这些东西的共同点就是它们都是表里一致的真确感受。如果我觉得我的牙齿痛，所谓"牙痛"这个事实便毫无疑问地存在于宇宙间，它的存在足以证明它自己，或者我们可以说，它自己证实了自身的存在。但宇宙间是否真的有牙齿这种东西还是个疑问，这就是诗人海涅对某位女士说"夫人，我告诉你，我内心牙痛"的原因，虽然我们感受到的痛苦十分明确，但是当我们抱怨时却常会搞混痛苦的来源。

思想和主体性所具有的特殊性质乃是宇宙中独一无二的，多年的教学经验告诉我，地中海各国的人民很难了解这种特殊性质（而且这种现象并不是偶然发生的）。但是，对北欧人民来说，思想和主体性所具有的特殊性质却显而易见。正如我所说的，主体性的概念是整个近代时期的基本原则，因此我告诉你们，地中海人民无法了解这种特性，正是地中海各国没有完全现代化的诸多原因之一。每个时代的风气就像气候，其中必然存在着某些具有启发性与组织性的主流生活原则；当这股风潮不适合某个民族，他们就会失去生活上的兴趣，用体育运动的专有名词来形容的话，这种情况就是"失势"，就像生长在逆境中的植物只求勉强生存下去。在这个所谓的现代，西班牙人民一直处于这种情况下。他们对这种现代的生活形态不感兴趣，觉得这种形态不适合他们。可是他们也没有办法反抗时代的风潮，只能等待它渐渐没落。

但是，如果我们认为应该扬弃这种作为现代性基础的主体性概念，认为应该由另一种更深刻、更稳固的观念来取代它或是取代某些部分，这就表示新的风潮已经成型，新的时代已经展开。由于这个新时代的展开代表对前一个时代的否定，也就是对现代性的否定，因此，觉得自己在现代备受挫折的民众将可能在新的时代中获得新生，或许西班牙人民将因此对生活与历史产生全新体认。那么，有没有可能这个过程的结果，就是要让我们相信这种想象已成为事实，让我们相信另一种观念已取代主体性的概念，让我们相信现代性已经结束了呢？

不过，由于这种认为主体性、心灵与意识之首要性是宇宙基本予料的观念如此强大、稳固而且坚定，以至于我们根本无法想象自己能够轻易推翻它；相反，我们必须置身其中，去了解它，最后融会贯通，否则我们根本别想克服它。纵观整个历史过程，所有的征服必然伴随着同化，我们必须吞没那些想要克服的东西，吸收原本想要抛弃的东西。在精神生活中，若想取代某种东西就要先保留它，正如第三级阶梯之所以比前面两级高，是因为有前面两阶作为基石。如果没有这两级阶梯，那么第三阶就变成了第一阶。想要超越现代，唯一的方法就是先彻底成为现代。西班牙天主教神学院诸公从未超越现代观念，因为他们从来就没有真正接受它们，而是顽固地停留在现代观念之外，他们既不引导它们，也不试着同化它们。肉体生活之所以和精神生活不同，是因为在精神生活中，新的观念必然包含着那些曾经孕育它们的旧观念。

不过，让我们先回到基本予料，也就是回到思想上。

方法学的怀疑（当怀疑有其明显意义时就该怀疑）对笛卡儿来说不是偶然发生的事情，这和他最早提出的"怀疑是不容怀疑"之前提不一样。相对来说，普遍怀疑的决心，只是用来产生另一种更积极决心的手段：一种认定"任何无法证明的东西，都不承认它们是科学内容"的决心。那么，在这样的定义下，科学或理论也只是一套由许多已证实之命题（一些对真实世界的记录与描述）构成的系统。相较之下，方法学的怀疑不是哲学的探险，它就是哲学本身，它只是展现自己原有的本性。每个证明都是为了证明自己经得起考验，理论就是一种证明，换言之，当一个命题值得怀疑，理论就是针对怀疑提出的反向证明。如果我们从不质疑"证明"是否真的存在，那么我们就永远不可能获得知识。

作为终极理论依据之意识

不论过去或现在，这种方法学的怀疑都大大影响了我们，它让我们知道，在所有的知识中，最重要的基本事实就是思想本身。唯有思想，我们才可以说"当我思考它，它就存在"，除了思想之外，其他任何事物都不可能如此。当我想象狮头羊妖和半人半马怪物，它们并不会因为我的想象而真的存在于世界，正如这座戏院并不会因为我看到它而使它存在一样。然而，我们却可以说，当我思考，这个思想确实因为"我在想"而存在。所以说，思想有其特权，它能够使自己存在，使本身成为事实。或是我们用另一种方法解释，比如以其他东西来说，它们存在的事实和"我在想它们"完全是两回事，也因此，它们只是疑问而不是事实；但是，要让我的思想存在，只要我认为我在想它就够了。在这里，思想和存在同为一体，只要我意识到我在思考，那么思想的事实就存在。存在就是体认，存在就是觉知。关于觉知的基本事实是：觉知就是觉知本身，除此之外别无其他。

这种用来肯定"思想存在于宇宙之间"的确定性具有

一种特质，与用来肯定任何其他存在事物的确定性比较起来，前一种确定性可说是独一无二的。发现了这种确定性后，我们就必须当它是宇宙间所有知识的根基。对理论而言，与真实世界有关的第一个真理就是"思想存在"。我们不能以外在世界的真实性作为出发点：因为我们四周的所有物体，包括我们的身体，都可以怀疑它们是否在我们不思考它们时仍独立存在。但是从另一方面来说，这些我思考的事物都存在于我的思想中，成为我的看法、我的认知，这一点是我无法怀疑的。于是，心灵就变成支持一切实在的中心。无论我的心灵在想什么，只要我承认这些思想，只要我认为它们是我的思想，它所想的内容状态就具有不灭的实在性。这个原则使我们试着创造出一套可以用来解释各种存在事物的理论系统，通过这套系统，那些既非思想也非观念的事物就只有在被思考或成为观念时才会存在。这个思想体系就是"唯心主义"（idealism）。自笛卡儿以来，现代哲学的根基就一直是唯心主义。

不久以前，如果怀疑外在世界独立存在，这种想法称为重大的矛盾，这种"认为外在世界只是心中的思想投射"的怀疑想法，将会直接让现代哲学与生活信念之间产生冲突。自笛卡儿以来，哲学便一直朝着与心理习性相反的方向前进，它以快速的步伐在生活的洪流中逆流而上，这种取向历经莱布尼茨、康德、费希特和黑格尔后达到了极致，此时，哲学已变成一个倒过来看的世界，成为一种主张与自然相反的伟大先驱，成为一种充满奥秘的智慧、一套难以理解的教条。思想已然吞噬了整个世界：事物只是心中的概念。

稍早之前我提到一段话，海涅问他的朋友："夫人，你对所谓的观念有何看法？因为我昨天问我的马车夫'观念'是什么？他回答说：'观念……观念，为什么观念是人们放在脑海里的东西呢？'"三个世纪以来，也就是整个近代，唯心主义哲学这辆光彩夺目的马车都被海涅的马车夫驾驭着。直到现在，我们的主流文化仍然受他牵引，无论我们的心智多么诚恳，也一直无法脱离他的掌控。曾经有人试着逃脱，但是没有成功：他们试着从马车上的小窗跳下，结果只是弄得自己头破血流，而那受伤的头，就是海涅的马车夫认为装满观念的地方。

唯心主义之所以有着优越的地位，是因为它发现了一种东西，这种东西的存在方式与其他东西完全不同。即使假定宇宙间存在其他东西，这些其他东西的存在也不会因为其本身、因为认知到自己而存在。颜色、物体、原子，其他任何物质都不是这样，某一颜色呈现出白色、绿色、蓝色，但它并不能因此证明自己的存在；一个物体有重力、有重量，但是该物体本身并不能证明重力或重量的存在；柏拉图的"观念"也不是自我实现的东西：善的观念或平等的观念并不是因为它觉察到什么是善、什么是平等而存在；亚里士多德学派中所谓的"形式"（form）也不是因为自我觉察而存在，亚里士多德的"上帝"（无论其定义如何）也不是自觉的；同样的，斐洛（Philo）的"道"，普罗提诺和四部《福音》作者之一圣若望所说的"圣言"亦非如此，就连中世纪托马斯·阿奎那（Thommaso d'Aquino）所谓的"灵魂"都不是自觉的。事实上，这是现代特有的观念。

如果人们能够抱着怀疑谨慎的态度了解我说的这些话，我会说，所有这些事情的存在根本不是因为其本身，也不是因为对本身的自觉，相反，它们是因为另一种事物而存在。红色之所以是红色，是因为看它的人认为它是红色；柏拉图所说的完美的善，也是因为能够体会到这种善的人才得以实现。因此，当埃及亚历山大城的新柏拉图学派（the neo-Platonists）寻找柏拉图的理想对象，并且混淆不清地把柏拉图的理念视为上帝的心灵内涵时，古代世界也因此终结。整体来说，古代世界只知道一种"外显"的存在方式，从而展开自己、显露自己，将自己指向外在世界。所以，他们将存在之事物（也就是真理）的发掘过程称为"发现"、显示或展露。相反，笛卡儿的哲学思想则着眼于能够证明自己存在、能够指向自己内部存在、能够自我解释以及能够自我省思和内化的事物。和那些指向外在的自我相比，和那些古代人所认为的外显自我相比，我们看到的乃是新的存在方式，这是由内自我证明的存在，一种纯粹私密与反思式的存在。这种实在性如此奇妙，我们必须为它找寻新的名称，将这个内省的自我称之为"灵魂"并不恰当，因为如亚里士多德所说，古代的灵魂和肉体都是外在的；托马斯·阿奎那也认为灵魂是身体的活力来源，因此，托马斯·阿奎那很难界定"天使"，天使是没有肉体的灵魂，亚里士多德定义的灵魂却包括肉体的活力。

但是思想和肉体毫无关系。此刻，我的身体只是我心中的观念。灵魂既不在肉体中，也不与肉体同在，然而肉体的观念却存在于我的心和灵魂中。此外，如果肉体竟然是存在于我之外的实在，是一种具体有形的实在，是物质而不是观念的话，这就表示肉体和灵魂、物质和心灵，彼此毫不相干，无法触及彼此或产生任何直接的关联。笛卡儿是第一个将物质世界和精神世界依其本质之不同而划分开来的人，因此，外在世界的本质和内在的东西是完全不兼容的。这项观点可以说与古代哲学形成对比与冲突。对柏拉图与亚里士多德来说，物质和他们所谓的精神（对我们这些承袭笛卡儿思想的人而言，这种精神是一种伪精神）就像是我们对于左右正反的定义一样，物质承载着精神，精神赋予物质形体，因此，古代哲学家认为精神与物质彼此相关，这个定义与现代人不同，现代人认为两者互相矛盾、彼此排斥。

如鹰一般的自我

在笛卡儿之后，人们把思想这种自我证明、自我实现及自我确认的东西称为"良知"或"意识"。笛卡儿所说的意识不是精神，不是心灵，也不是"灵魂"[1]，而是良知，也就是自我觉察。从这个名词可以明显看出思想的属性，思想是一种自知、自持、自省、自我回归的"内在性"（withinness）。

良知或意识，指的是一种反省、一种内在性，不是其他的东西。当我们说到"我"这个字，我们表达的是同一个东西。当我说"我"，指的是我自己：我的存在只和我自己有关，"我"所指涉的对象只有我自己。在我回归自身、退回到自我时，不是离开自我，相反，是永无止境地

---

1. 灵魂（psyche），指的是气或气息，因为它赋予肉体活力，为肉体注入生气，像海风推动帆船那样驱策肉体。

回归自我，我就是我。因此，当我们说"我"，我们的食指会指向自己的胸膛，我们很自然地做出这个动作，并以这个有形的手势象征无形的自我回归与反省本质。因此，向来主张唯物论的斯多葛学派（Stoics）认为这个手势证明了人的光辉灵魂，也就是"我"存在于外向的自我中。"我"就像是猎鹰，永远会回到主人（自我）手上，它的完整存在就展现在它向内心深处俯冲的姿态中。这只猎鹰飞离苍穹、飞离宇宙，又同时回到自我，在自己的内心落定，它的羽翼既是用来飞翔的翅膀，同时也是支撑着自己飞行的气流，我们或许会称它是一种不是飞翔的飞翔，或者说是精神上的飞翔。然而，将如此奇妙的实在视为意识，这难道不是背离生活？这种态度难道不是与我们理所当然的生活态度完全相反？指向周围世界的外向生活不是很自然吗？相信外在世界的实在性不是很自然吗？依赖着伟大的外在世界，就像依赖着支持我们的稳固脚步，好似飘浮于存在之上，这不是很自然吗？人们怎么会有这种发现，怎么会有这种反自然的转变呢？人们如何转向自己并发现内在的自我？又是如何认识到这样的自我只是反省，只是内在的呢？

然而，还有更重要的东西：如果意识是人的内在自我，如果意识是一种自我觉察和自我证明，那么意识将只和自我交流。因此，虽然笛卡儿没有明显表达出来，但他切断了联结我们、使我们与外在世界融合的那条线，切断了我们与物体、他人之间的那条线；他让每个心灵各自独立。然而他并没有强调其中所具有的含义：心灵各自独立，不仅表示没有任何外在的东西可以进入灵魂，世界也无法向我们传达它丰富的实在性，同时还代表相反的情况——心灵只和自己接触，它无法离开自己，意识不但独立自守，也如隐士归隐之处。当我们发现真正的自我，会发现自己孤独地处于这个宇宙中，从本质上来看，每一个"我"都是孤独的，彻底的孤独。

有了这个观点后，我们便进入到尚未探索的领域。在演讲的一开始，我曾经说过，我要介绍成熟的思想给大家，其中有很多都是新的思想。我再次强调，我要讨论哲学中的基本革新，明天我们将进入这个未知的世界。

第八章

　　直到笛卡儿思想的出现，西方哲学才终于认识到意识、主体性和"我"。正如我们看到的，人们之所以认识到这些特性，乃是因为我们了解到在宇宙间无数存在的事物中，有一种东西的存在方式和其他存在物完全不同：它就是思想。当我们说这座戏院存在，我们指的到底是什么？无论我们如何诠释"存在"，我们最终是否能理解它的真正意义？说这座戏院存在，也就是说它位于某处。但是，"某处"又是什么意思呢？"某处"是指世界上的某处、宇宙中的某处，在真实世界的一般范围之内。说这座戏院存在，也就是说它在马德里的某个地方，属于西班牙古代王国卡斯蒂利亚（Castile）的某处，而卡斯蒂利亚则坐落在称为行星的更大物体上，这个所谓的行星又属于天体系统……就"在某处"（being there）来说，事物的存在指的是某些事物依赖其他事物的支持，因此也就表示某些事物依附着其他事物，位于其他事物之上。从这个意义来看，所谓事物的存在，其中带有静态的意味，甚至有摆放在其他事物之上的意思。这难道不是我们对"在某处"这三个字真正理解的意义吗？

另一方面，当我说我的思想存在，并不是指它"在某处"，我的思想存在于我意识到它的时候，也因为我意识到它，它才存在；也就是说，当我想到它，它便因自身而存在，并证实了自己的存在。然而，如果我的思想只在我想它的时候存在，只因为我想它而存在，当我从事思想活动、思考时，我的思想便存在，那么它的存在本质就与事物的存在本质不同，它不是被动地依附在其他事物之上，也不是一堆事物彼此相互依赖的单纯形成过程，它不是一堆静止的事物，而是活动的过程。因此，思想并不是定位，不是在这里或在那里，而是不断自我创造与再造，一个持续不断的启动过程。这表示当我们发现思想所拥有的这项特质，我们也同时发现了一种与其他事物的存在方式完全不同的存在方式。如果我们所说的"事物"指的是某种静态的存在，那么，思想固有的存在方式，便是一种充满纯粹灵巧的活动过程，一种自我产生的活动。思想是真实的、独特的，也是唯一的一种自发力量，它是自动的，它会自己鞭策自己。

我们曾说，思想就在于反省，在于反映自己、考虑自己。但是这种说法假设思想具有二元性，认为思想可以自我怀疑；这种说法认为"反思"和"被反省的思想"两者同时存在。我们至少应该稍微分析一下（无论多简短都没关系）构成思想的最基本元素，唯有如此，我们才能清楚地了解现代哲学常用到的概念，例如主体、"我"或是自我，以及意识内容等。由于思想的认知对象必然涉及本身以外的其他事物，我们必须先澄清这些最根本的概念。我们现在正在看这座戏院，由于我们只单纯活在这个"看"的过程中，因此觉得这座戏院存在于外界，存在于我们之外。但是，现在我们知道这个信念是令人怀疑的，这个信念乃是源自无意识的思考，也就是忽略其自身的思想活动。对沉溺于幻想的人来说，幻想中的戏院似乎和矗立在我们眼前的戏院一样真实。这让我们了解到，"看"并不是主体脱离本身所联结之真实物体的过程。在这一刻，幻想中的戏院与真正的戏院不在其他地方，而是存在于我的心中；它们都是我的心理状态，都是思想。18世纪末开始，人们便一直传诵事物是意识的内容、自我的内容、思想主体的内容。除了我们的思想，其他一切事物的实在性都是不确定的，它们充其量只是由意识内容的实在性衍生而来。外在世界存在于我们心中，存在于我们形成观念的能力中。世界是我创造的产物、是我的想象，不够精确的叔本华也曾这样粗略地说：思想就是实在。严格来说，产生思想的活动、思考过程和意识存在时，"我"才存在。

当然，我心中存有各种丰富多变的景象；我曾经诚挚相信的与我有关的一切，我曾经身处的环境及依赖的一切，现在都重生为我心中的万事万物。它们都是我的主观状态。"看"并不是向外远离自己，而是找寻自己心中的那座戏院，去找寻名为"宇宙"之表象的蛛丝马迹。意识永远是表里合一的，它既是房子也是住在房子里的人，它是内在性，即我和我自己最基本也最高的内在性。这个构成"我"的内在性，让"我"成为与外界隔绝、没有窗户，也无法窥探外面的东西。如果我的内心有窗户、门孔，那么外界的氛围就会渗透进来，所谓外在的实在性就会侵入我的心，出现一些原本不属于我的东西，有人会进驻我的内心，我的内在性将不再单纯，也不再专属于我。"我的存在乃是内在性的存在"这项发现，虽然让我得到能够与自我接触的快乐，不用只视自己是诸多外物之一的快乐，但它也带来了不便，因为它把我囚禁在自身之中，让我成为监牢与囚犯。我永远禁锢在自身中。我是宇宙，与此同时，我也是孤身一人。孤独就是构成"我"的元素，就是交织成"我"的丝线。

主体性的发现

这就是我们前几天说到的地方。支配整个现代文化的唯心主义命题,无疑是最坚固的,但是,如果我们从典型资产阶级及日常生活的观点来看,这种命题也同时是狂乱的。再没有比这更大的矛盾了:它完全颠覆了非哲学生活对待宇宙常见思想的方式。此外,我以前说过智慧英雄主义乃是哲学思考过程的特色,而现在我们见到的正是最佳范例。它是我们推理活动要求的最终结果,它是由纯粹理论引领的通往远方的旅程。它很可能会将我们带到资产阶级(这些人总是无处不在)认为荒谬愚蠢而拒绝接受的地方。

然而,这个唯心主义的命题有某种特别奇妙的东西,它的奇妙之处来自发现主体性和内在思想,而这也正是唯心主义的出发点。因为,事实上古人根本不知道主体性、反省、内在及单一的存在方式。

我不知道这两个事实中哪个比较奇特,是古人无法明了自己的存在、无法明了主观自我存在的事实,还是现代人像发现新大陆那样发现了自我。这个题目重要而且新颖,却很难论述。我不知道是否能让你们明白这个题目。我唯一能确定的,就是我将尽最大的努力为你们解说。

如果我们从已发觉的意识、主体性及"以自我为中心的存在状态"的思维模式出发,并用圆来描绘内在自我,我们的内在和发生的一切将会填满这个圆。这个圆的中心代表着所谓的"我"的意识要素,它的职责就是作为一切活动的主体,作为"眼看""耳听""想象""思考""爱"与"恨"的主体。所有的心理活动都具备这个共同特质,宛如这些活动都是从相同中心点散发出来的;这个中心点以充满活力的姿态展现在每个心理活动中。比如说,所有"看"的活动,都有一个人在看;所有"爱"的行为,都有一个人在爱;所有"思考"当中,都有一个人在想。这个人就是所谓的"我""自我"。这个在看或在想的"我",并不是脱离看或想的独立实在体,它只是构成每个心理活动的部分要素,我们称之为"主体"。

如果这个"我"能够代表我们的意识与知觉中心,那么,我们内在的其他事物就会布满圆的周围,也就是说,所有关于声音、色彩、形态、物体的表象占据了这个圆的周围,即围绕在我们四周的自然或宇宙的外在世界。

在人的生活中,这个由物质事物构成的广大四周不断吸引我们的注意。"注意力"是"我"的基本活动,它指引并掌控"我"的其他活动。因此,要看或要听,只有这些东西出现在我们面前是不够的，就像那些居住在大瀑布附近的人，最后反而不再注意瀑布倾流而下的声音。此刻，我们看到的这部分，只是构成戏院可见形体的其中之一，只是我们注意力所及、目光专注的部分。所有看的活动都是注视，都是用眼睛寻觅；所有听的活动都是倾听，都是用耳朵留意。

所以我说，称为自然的这个外在世界急切地吸引人们注意，不断将生存和防御等问题摆在人们面前。人类的生存，特别是原始时代，就是不断与自然、万物搏斗，每个人都只能持续不懈地解决物质生活的需求。这意味着人类只注意自己存在的周遭，只注意可见可触的东西。人们的生活中，所有的注意力都放在广大的四周环境上。如此一来，"我"就总是投射在那注意力所及之处；对这样的"我"来说，只有注意力关注的事物才算存在。如果用比喻的方式，我们可以说，圆唯一存在的部分就是界定它的那条曲线，也就是说，它的主体总是停留在圆周上而没有往圆的内部移动。有时候，身体上的痛楚、内心的烦恼偶尔会让注意力从四周回到圆的中心、从自然回到自我，但是这种情况瞬间消逝。由于注意力没有对着自己的内在，因此它总是朝着最初且习惯的方向，也就是说它喜欢回去攀缘四周的事物。这或许就是我们所谓意识的"自然"态度，对这种态度来说，只有无垠的世界和由物质构成的世界，才是存在的。人类总是时时注意自己未知的领域，总是注视着外面，全神关注着自然和外在的一切。

古老的"出神状态"与"精神论"

如果我们可以想象动物的心灵（虽然这种假设总有疑问），那我们或许可以说，动物的内心情况和"自然"的人有些类似。要知道，动物随时都保持着警觉。野马的耳朵就像两支活动天线或潜望镜一般，这告诉我们，动物永远注意着四周的动静。看看动物园里那些关在笼中的猴子，这些类似人类的猿猴总是注意着所有的东西，真是奇怪，四周的任何风吹草动都逃不过它们的眼睛。从语源学来说，所谓"出神"（ecstasy）的意思就是"站在自身之外"。从这个意义上来看，动物永远活在出神的状态，由于外在急迫的危险，它们总是注意着自身以外的东西。在这样的情况下，如果把注意力向内转向自己，它们就没办法专心关注外界的动静，而注意力一旦分散，动物就有死亡的危险。大自然原本就是残酷的：它不容许丝毫分心。一个人必须拥有一百只眼睛，要不断地问"谁在那里"，以便迅速获知周围环境的变化，并用适当的举动响应。注意自然就是生命的行动。纯粹的动物就是表现出纯粹行动的人。

因此,原始人是活在自己的前头,他着眼于广大的四周,完全抛诸自身于脑后。"我"直接观察到事物,正如阳光穿透玻璃,既不会停留在玻璃中,也不会注意到玻璃的存在,"我"也是直接穿过自己的内在世界,直接到达事物身上,并专心注意它们。从生物学的观点来看,这是再自然不过的事,这也是人类忽视自我,以及应该忽视自我的原因。

真正令人讶异、让人着迷并且需要我们解释的,是与上述情形完全相反的情况。人类的注意力主要是离心并指向外围环境的,它要如何才能不顾周遭世界,将"我"转而向内看着自己呢?很快,你们就会了解这个内观现象必须有两个前提:其中之一是让主体脱离外界吸引,另一个则是让主体注意到内在的自己。两者相辅相成,缺一不可。如果注意力只是从外界移开,它还可以转到其他事物上。也就是说,当注意力从外界移开,并无法保证它会发现内在世界并且回到本身。比如说,如果男人想要让女人爱上自己,仅仅不让她和其他人相爱是不够的;前者必须想办法吸引她的注意。

但是,在我们简单解释对人类如此关键的事件之前,我们或许应该先了解古希腊哲学的思维模式,也可以说是整个古代的普遍思维模式；要了解古希腊哲学的思维模式，得先回想我们之前讨论过的"心灵最自然且重要的态度"。近几年，在历史上获得的重要进展，尤其是哲学史上的重大进步，就是我们诚心诚意地坦承了自己并不了解古代的思想家。只要我们抱持这种真诚的态度，必定能获得实质上的回报。一旦我们承认自己不了解他们，就能够开始了解他们，也就是说，我们开始注意到他们的思考方式与我们不同，接着才会去寻找其思考方式的关键所在。这无关他们与我们的学说有多大差异，真正的关键在于他们的心灵态度和我们有所不同。

基本上，古人仍然保持着原始人的心理状态。古代人和原始人一样，他们的生活与万事万物息息相关，对他们来说，宇宙中唯一存在的东西就是具有实体的事物。他们或许偶尔会瞥见自己内在的东西，但是，正因为只是一瞥，所以是不定的，事实上也只是偶然发生的。从态度上而言，希腊人的心灵确实是原始的，只有一个地方例外，那就是希腊人并不只是注意外在世界，他们还会以哲学的思考方式探索外界，他们会不断修正自己的概念并将周围的实在事物转化为纯粹的理论。在这样的影响下，一个由外在具体事物构成的实在世界便深入了希腊人的观念。"观念"（idea）这个名词和它的相关词汇，代表的意思就是"可见形象"（visible figure）或"外观"（aspect）。因为除了物体，自然界还有许多活动和物体变化，因此，希腊人从这些活动和有形的变化中，联想到其他不可见的事物和无形的东西。这些无形、非物质的事物，最后也被视为具体的东西，但是更精细、更纯净，并且是以精神的形式存在。

他们的观念中，动物由物质组成，并受到其组成物质的某种东西驱策：这个东西就是灵魂。然而这个灵魂毫无内在自我可言，我们虽然说它是内隐的，但这只是因为它藏在肉体内，深埋肉体而不可见。它是一种气息、一股微风，或如泰勒斯[1]所说，是少许湿气，或如赫拉克利特[2]所说，灵魂是火。尽管现代人还是以"精神"（spirit）这一名词表示他们发现的内在自我，但是，希腊人和罗马人却认为"精神"和物体都是外在的，都属于物体，是存在于宇宙中的力量。当然，据亚里士多德所说，人类的灵魂拥有动物灵魂没有的力量，正如动物灵魂具有植物灵魂缺乏的特质，但根据希腊人的想法，人类的灵魂和植物的灵魂都只不过是灵魂罢了。希腊人认为，人类的灵魂既是推理的能力，

---

1. 泰勒斯（Thalēs，约前624—约前547），古希腊哲学家，被誉为"哲学之父"。
2. 赫拉克利特（Heraclitus，约前540—前480与470之间），古希腊哲学家。

也同时是像植物般默默成长的力量。所以，关于研究灵魂的科学"心理学"，亚里士多德将它视为生物学的一部分，也就不足为奇了。

亚里士多德的心理学理论将人和植物相提并论，对他来说，灵魂并不是"最内在之存在"的基准，而是身体活力的普遍基准，它是（或者说它只是）运动和改变的原动力，希腊人甚至认为连矿物也有灵魂，例如星球天体的灵魂。在希腊人的观念中，灵魂象征神秘的超自然力量，只是这种力量是外在的，人们很自然地认为它是种类似磁性的力量，如此才能解释拥有灵魂之可见形体所产生的吸引力。如果有人把亚里士多德的"精神论"（spiritualism）理解为现代所谓的"灵性"（spirituality），这或许会让人感觉不诚恳，或者是对历史有些无知。然而，如果我们试着将现代人对意识的概念带进亚里士多德的精神中，那么，我们就不能说这种态度不够真诚，也不能说它没有意义了。因为根据亚里士多德的说法，星辰也有灵魂，也就是说，星辰也有意识，正因为意识乃是对自我的纯粹感知，它才能驱策庞大的天体。

希腊人从未将灵魂视为自己的内在力量，而是看成近乎具体物质的外在东西。因此，他们将感官知觉，甚至所有的心智活动都视为物体之间的冲撞作用；有形的事物碰撞到所谓的灵魂,并且在灵魂上留下印记。在与事物碰撞之前,灵魂就像块原封不动的蜡版,一片空白。希腊人所说的灵魂在遭受碰撞前是完好空白的,就好像对焦于外界的底片那样,底片上所印的全都是来自外界、来自大自然对它的倾注和附着,这样的灵魂根本不具有内在性,也根本无法自我证明!这样的灵魂和莱布尼茨所说的单子(monad)之间存在如此巨大的差异:单子具有巴洛克风格,没有任何东西能够进入其中,也没有任何东西能够从里面产生,它独立自生,宛如一道依赖着自身丰富内在而生生不息的独特泉水!未来我希望能更详细讨论有关古人的思想方式,但是现在我们必须赶快回到主题。

现代主体性的两个根源

人类的注意力原本是向外的,怎么会180度地转向自身呢?注意力为何不再向外寻觅,反而回过头来专注主体?为什么人类的眼睛会向内转而注视自己,就好像坏掉的洋娃娃眼睛往内,转向那纸浆糊成的脑袋?

这个转变无疑是有史以来的最大事件,尽管没有诗人作诗赞颂它,也没有人以喧闹声响、流血冲突或敲锣打鼓的方式宣扬它的存在。古代人的生活仍然和动物十分接近,他们和动物一样,注意力都对着外界。现代人已经把自己摆在自身之内,他们转向自己的内心,并且已经从无意识的世界中觉醒,他们摆脱植物、海藻和哺乳类动物遗留下来的沉睡状态而掌握自己,他们发现了自己。将来有一天,人会像平常一样走到外面,发现自己遇上了奇怪、未知且不寻常的东西;他虽然看不清楚那个东西,但是他会推挤它,而且他会在推挤的过程中了解到,原来感受到疼痛的人是他自己,他会了解到自己既是向前推挤的人,也是被推挤的人,他会了解到他是在和自己碰撞。"我感到疼痛,所以我存在。"我思,故我在。这是一个多么邪恶的探险啊!为什么说它邪恶呢?它不是神圣的吗?如此特别的事情不是很有可能是上帝以特殊方式介入的结果吗?然而是哪个上帝呢?是基督教的上帝吗?是的,是基督教的上帝,也只能是基督教的上帝。但是,基督教的上帝到底是如何干预这个导致反基督时期的发现的呢?这个可能性困扰着基督徒,也刺激着反基督的现代人。

基督徒是反现代的:他们坚决反对现代。他们拒绝接受现代的一切。对基督徒来说,现代乃是撒旦的孩子。相反,现代人则是反基督的,对现代人来说,现代性就是为了要与宗教观念相对抗才诞生的。但是现在,有人告诉他们,现代性是上帝之观念所结成的果实;而且正因为他们是现代人，所以当他们被要求承认自己是上帝的子民时，他们感到恼怒。这样是在颠覆历史、改变信念。反基督者和反现代者都不愿被迫改变，他们宁愿保持现状。我们看到，存在的事物是绝对灵敏的，是不断活动的。然而反基督者和反现代者却都不愿移动、不想存在；我们可以说，这些人对这种"反存在"的状态感到满意。

主体性的发现有两个历史根源，一个消极，一个积极。消极的根源为怀疑论，积极的根源是基督教。这两个根源相辅相成，缺少任何一个都无法产生这样的结果。

我们知道，怀疑是产生科学知识的必要条件；它开启需要由证据填满的裂缝。擅长建构理论的希腊人以最标准的方式行使"怀疑"这项善行，而且自始至终持续着。怀疑论学派在这方面做得最为彻底，没有人能比这些怀疑论学派的学者更善怀疑，就连笛卡儿、大卫·休谟[1]和康德都没有进一步发展怀疑论。这些怀疑论学派的学者从主动和被动两方面证明知识的虚幻：我们无法得知事物的真相，最多只能说我们觉得它们如何。然而，希腊的怀疑论者显然还是希腊人，由于知识是关于存在事物的知识，而对希腊人来说，存在的事物就是外在的事物，因此，整个希腊

---

1. 大卫·休谟（David Hume，1711—1776），英国哲学家、经济学家和历史学家，被誉为西方哲学史上最重要的人物之一。

怀疑论的对象都只和我们对宇宙真实事物的知识有关。

他们发展出一套相当现代化的方式，令人惊讶的是，其现代化的程度就连真正的现代人也比不上。根据这种方式，昔勒尼学派[1]会说我们无法认识实在，因为灵魂无法走出自己，只困在本身的范围内，宛如生活在封闭的城市中。但这是最内在的发现吗？关于这种主观的存在状态，我们是否还能有更确切、更具可塑性的描述方法？他们的看法真是天大的错误！拥有这种想法的希腊人，并没有看到其中的正面元素。他们说的话，意味着人们无法脱离这个世界，但是他们没有发现，在这种无法走出去、只能关在自身领域的情境中，其实存在着比外界的真实事物更稳固、更基本的崭新实在。从历史上的例子中，我们可以清楚地看到，要发现一项新事物，单单只有智性的敏锐是不够的，我们还要对这些尚待发掘的新事物抱持热忱与喜爱才行。理解就像是一盏灯笼，这盏灯笼一定要用手提，而手的动作又必须通过对某些可能事物的预先想望来推动。总之，人们只会发现自己想要寻找的东西，如果人们想要了解某些东西，就要以"爱"作为动力。因此，所有科学的诞生都是源自热心探究者的热情。

---

1. 昔勒尼学派（The Cyrenaics），主张人生的唯一目的就是追求快乐，故又称"快乐主义学派"。

然而，当代人在学问上的迂腐心态，已经使得"热衷者"（enthusiast or aficionado）这个名字失去意义；但是"热衷者"对事物的热情无人能及，这股热情就是一切的根源，是所有事物的种子。我们对于"爱好者"（lover or dilettante）的看法也是一样。有"爱好"作为动力，我们才想理解某些东西。这个重要题目值得投入时间与精力来讨论，它将告诉我们为什么寻求者本身就是"爱"的本质象征！你们是否曾想过"寻求"背后的惊人本质？所谓寻求者，必然是尚未找到所寻之物的人，他们甚至不知道自己要寻找什么；而且，寻求这个举动必须预先假设所寻之物的存在，实际上来说就是要预见所寻之物。寻求，就是预期某种尚未出现的实在。

只注意那些吸引自己、能点燃自己爱火的事物的人，不会了解什么是爱。如果对某一个女人的爱是因为她的美貌，那么，这种由美貌所带来的愉悦感将无法建构出爱及爱的过程。一旦唤起爱，就会不断散发出怡人的氛围，爱存在于忠贞和充满感情的光辉中，笼罩着被爱的人，因此，她的其他特质与完美之处都会清楚地呈现，我们也会认识到它们的存在。相反，恨会在所恨之人身上投射负面的光线，我们看到的就只是他的缺点。所以，爱会预先安排并预备被爱者的可能优点。爱会让我们看到不爱时看不到的东西，因此，爱使我们丰富。最重要的，一个男人对女人的爱，会让这个男人试着转变、超越自己，这股力量会激起我们内心那股迁徙的倾向。

基督教的超越性上帝

但是，让我们离开这些充满热情的旅程，重新回归我们的主题。我们已经知道怀疑论如何教人不要相信外界的实在，进而对外在世界失去兴趣。但是，即使人们可以做到，他们仍然不一定能看到内在的自己。正如赫尔巴特[1]所说："每个优秀的创始者都是怀疑论者，但是每个怀疑论者都只是初学者。"

这些初学者缺乏积极的动机，也缺少对主体性的兴趣，因此他们无法回头注意自己并将自身置于关注的焦点中。这种缺乏是基督教造成的。希腊人心目中的神，只不过是宇宙中至高无上的势力，高高屹立在所有外界实在之上，是崇高的自然力量。在金字塔的结构中，最高点耸立于整个金字塔之上，但它仍然是塔的一部分。因此，希腊宗教里的神祇虽然高居世界的顶端，但他们

---

[1] 约翰·弗里德里希·赫尔巴特（Johann Friedrich Herbart，1776—1841），德国哲学家及教育家。

仍然是这世界的一部分，也是其中最美的花朵。河神和森林之神、谷物之神与雷电之神，都是现实世界中这些真实事物的神圣象征罢了。

犹太人的神乃是伴着雷电而来，但基督教的上帝和雷电、河流或五谷毫无关系。他是超越性的神，也是超越世俗真理的神，宇宙中的任何实在都无法与之比拟。他身上没有任何地方属于世界，就连脚尖也不触及这个世界。正因如此，基督教最奥秘之处在于"道成肉身"[1]。一个完全超越俗世的人竟然堕入尘嚣并且"与我们同在"，这真是最令人无法理解的矛盾。从逻辑上来看，这可以说是基督教最神秘难解的疑问，然而，对希腊神话来说却是再平常不过的情况。在希腊神话中，奥林匹斯山上的众神无时无刻不以俗世的躯体出现，有时候甚至化成比人类低等的生物，就像天神宙斯变成天鹅亲近王后勒达，或是化成野牛掳走美女欧罗巴。

但是基督教的上帝是超越性的。基督教告诉人们要跟这样的神接触。但怎么可能发生接触呢？人们不但不可能通过这个世界或俗世间的事物触及上帝，而且世间之物只会成为与神接触的障碍。为了与上帝同处，人们必须舍弃

---

1. Incarnation，指上帝化身为耶稣来到人间。

世上的万事万物，将它们视为不存在的东西，因为在上帝面前，世俗的一切其实都不存在。灵魂为了亲近上帝，为了与神接触，为了救赎自己，终于犹如怀疑论者一般怀疑一切。它否定世界的实在性，否定其他存在事物的实在性，否定国家、社稷及人类肉身的实在性。直到超越所有事物，人们才开始觉得自己是真正活着，为什么呢？因为唯有如此，灵魂才能保持孤独，才能孤独地与神同在。基督教发现了孤独，并以此为灵魂的本质。我要郑重强调：孤独正是灵魂的本质。现在，台下听我演讲的你们没有人知道这是什么意思，孤独竟然是灵魂的本质！那是什么意思？请不要着急，我希望大家能够猜想一下，现在我先不讲明。但是毫无疑问，我会在适当的时刻让你们明白这句话的含义。

当灵魂遗世绝俗、脱离世界，也就是当它孤独存在时，灵魂才真的是灵魂。除了通过孤独，再没有其他方式能够与神为伴，因为只有在孤独的笼罩下，灵魂才能触及真正的存在。在基督教的观点中，唯有上帝及面对上帝的孤独灵魂才是真正的实在。我所说的是基督教，而不是所谓的"基督教哲学"，稍后我们会知道，基督教哲学是拖在基督教后面的可悲且毫无用处的链子。这双重的实在，也就是上帝和灵魂，乃是唯一的实在，此外，由于基督徒认为知识就是有关真实事物的知识，因此最好的知识就是关于上帝与灵魂的知识,就像奥古斯丁所说:"我欲知上帝与灵魂。没有别的了吗?没有遗漏的了!"

奥古斯丁成为首位瞥见意识与自我即为最深奥秘的思想家,并非出于偶然;他是第一个发现"我无法怀疑我在怀疑"这个真理的人,也绝对不是偶然。令人意外的是,基督教意识形态的奠基者与现代哲学的创立者,在最初的想法上竟然不谋而合。奥古斯丁也同样认为,自我存在于它知道自己存在之时,存在就是认知。他认为在所有的理论真理中,思想的实在性是最首要的。人必须立足在这样的实在之上,而不是立足于外在宇宙的可疑实在之上。"反求诸己,不必远求。真理自在人心。"在这段话中我们看到人心才是最内在的、绝对内隐的。和笛卡儿一样,奥古斯丁也在内心的最深处发现神。叫人意外的是,所有宗教家谈到圣特里莎所谓的"灵魂深处"时,竟然如此一致;而且,他们也都没有远求,而是在灵魂深处发现神的存在。基督教的上帝对俗世显然是超越性的,但是也内隐在"灵魂的深处"。在这个混沌的隐喻背后,是否有任何的实在呢?现在我们先不探讨这些目前还无法回答的问题。

然而,我们并没有什么根据断定笛卡儿的概念早已出现在奥古斯丁的思想中,而且这种说法也不太公平。无论他们之间有多少地方相符,两人之间的差距依然相当庞大。

奥古斯丁拥有敏锐的宗教悟性，他凭借宗教直觉，发现内省的自我；同时，作为一个哲学家，他也清楚地描绘出自己的直觉，并为它找到能与宗教相对应的科学位置。但是，奥古斯丁毕竟不是类似笛卡儿的哲学大师，他缺乏那种灵光乍现的哲学天赋，以至于无法像笛卡儿那样颠覆整个古代意识形态，并建立现代的唯心主义，然而最重要的区别在于：奥古斯丁已经算是现代人，他和恺撒大帝[1]是古代地中海世界中仅见的现代人；但他同时也是古代人，因此，整个古代的心理态度一直紧紧尾随他的新观念。所以说，奥古斯丁的哲学是混乱的，他只能算是教会的圣贤，而不是经典哲学大师。

另外，至今也无人能证实，那显然很少读书的笛卡儿，是否熟悉奥古斯丁的著作或是受到了他的启发。但是这些都无关紧要。与该概念有关的线索一直蔓延于当时的思想氛围之中。奥古斯丁提出的意识概念在整个中世纪之后逐渐成熟，即使当时的经院哲学[2]从不研究意识观念并且鄙视它，这颗思想的种子也还是不断播撒开来。从奥古斯丁到

---

1. 恺撒大帝（Julius Caesar，前 102 或 100—前 44）。
2. 经院哲学（scholasticism），一种结合宗教神学的唯心主义哲学，为欧洲中世纪特有的哲学形态。

笛卡儿，这条前后相承的脉络是有迹可寻的，从圣伯纳德[1]到维克多派（the Victorines）、圣波拿文都拉[2]和方济各会（the Franciscans），再经过邓斯·司各脱[3]、奥卡姆[4]和尼古拉斯[5]，在这条传承的道路上，意识观念只隐约出现过一次。托马斯·阿奎那出现之后，他主张扬弃这个观念以回到亚里士多德的泛宇宙灵魂之说，因此，基督教的原有启示又再度回到那不相称的古代思维模式。现代是自基督教而生，因此各个世代的人之间不应该有冲突，他们应该如兄弟姐妹般且乐于接受彼此。这就是我今天演讲的开端，但是关于探索我们稍早之前提过的未知领域，将留待来日。

---

1. 圣伯纳德（St. Bernard，1090—1153），法国传教士。
2. 圣波拿文都拉（St. Bonaventura，1221—1274），意大利哲学家、神学家及红衣主教。
3. 邓斯·司各脱（Duns Scotus，约1265—1308），苏格兰哲学家及神学家。
4. 奥卡姆（Ockham，约1285—1349），英国哲学家及修士。
5. 尼古拉斯（Nicolaus of Autrecourt，约1300—1350），法国哲学与神学家。

第九章

今日，我们面临重要的任务：我们必须在嬉笑玩乐的氛围中严肃认真地看待事物，如此一来，哲学才能成为真正的哲学而不是卖弄学问。今日，我们应该比过去更锐化我们的概念，让它们更闪亮、清晰，并且更纯净，因为这些概念将成为我们进行哲学改革手术之工具。

我们一直在追溯那最纯粹的唯心主义命题，它启发了现代思想的伟大观念，它也让其支持者和反对者蒙受熏陶，而且，它至今仍然支撑着人类文化的主要秩序。当唯心主义将外在世界的实在悬于混沌未明的状态，并发现意识与主体性的根本实在时，哲学便已提升到了新的层次，逆行的苦痛已让哲学无法后退。古老的实在主义奠基在宇宙万物无可置疑的存在上，这是哲学的率直之处，是属于伊甸园的纯真，而所有天真的人都有如身处天堂一般幸福快乐。

因为天真的人既不会怀疑也不会猜忌，他发现自己处于古代人和原始人的境地，四周围绕着自然、无边无际的花园景象，这就是天堂，就是人类的乐园。

怀疑使得人类从伊甸园中被驱赶出来，离开外界的实在。当这个所谓"绝对的亚当"，也就是思想本身，发现自己被逐出宇宙之外，他去了哪里？他无处可去，他只能依赖自己，只能冲进自己的内心。天堂象征小孩子特有的那种对外在的关注，人类离开天堂，进入纯粹的内在，转而注意内心最深处、属于青春的愁思。因此，现代乃是忧郁的，整体而言它或多或少沾染了浪漫的气息。奥古斯丁的灵魂带有哲学的率真，他是第一个浪漫主义者，他所涉及的一切都是那么伟大且令人敬畏的。无论我们的意向如何，无论我们的改革计划和哲学的进展如何，我们都必须了解，人类已无法从唯心主义回到希腊时代或经院哲学那种天真的实在主义了。正如克伦威尔士兵们奉为圭臬的伟大格言："破釜沉舟，绝不回头（Vestigia Mulla Retrorsum）。"

我们这个时代的主题

我们要超越唯心主义，因此我们必须将它抛诸身后，遗留在我们已走过的道路上，或是曾经住过且永远留在心里的城市里。我们心里抱持着唯心主义，也就是说，我们依然坚持着它、保留着它。唯心主义是人类提升心智的第一步；现在我们要往另一个地方迈进，这个地方不在唯心主义之下，而是更高的境界。

然而，为了完成这项任务，我们必须对唯心主义进行一场改革手术。唯心主义的理论中，所谓的"我"、自我、主体，吞没了外在世界。在这个大口吞咽的过程中，自我膨胀了。这个唯心主义的自我变成了肿瘤，我们必须开刀切除它。

我们会使用最缜密的心思和一切必要的防腐方法。我们必须进行干预，因为过去的这种自我生病了，而它的病因就在于它认为一切事物都是因它而存在。对希腊人来说，自我只不过是宇宙中的枝微末节，所以柏拉图几乎不用"自我"这两个字。他最多只会提到"我们"，也就是社会群体或整个雅典城里的民众，或是他学院里的追随者而已。对亚里士多德而言，"我－灵魂"（I-Soul）就像是手，用它接触宇宙，让自己顺应这个宇宙，希望由此认识宇宙，正如盲人伸出探索的手游移在每种事物间，以手代眼来观察它们。但是在笛卡儿的思想中，自我已经提升为理论上的基本真理，而当莱布尼茨把自我视为一种单子，封闭在自身之中并与浩瀚的宇宙毫不相干时，自我就变成专属个人的小世界、小宇宙，或是根据莱布尼茨自己的说法，它是一个"小上帝"。当费希特的思想将唯心主义带到巅峰，自我也因此达到了顶点，从此，"我"成为整个宇宙，成为一切。

　　自我曾经有过光辉的岁月。它不能抱怨，因为它不可能成为超越自己的东西。然而，它确实在怨叹，而且有理由怨叹。当它纳世界于自身之中，就孤零零地抛下了现代的自我。如果可能的话，自我想要冲出它的孤立状态，即便是牺牲它的全能也在所不惜。现在，它宁可丧失一些力量，只希望活得更丰富，希望周围能有不同的东西，有其他不同的自我能够与之交流，例如"你"和"他"，特别是与"我"截然不同的"你"，也就是那作为"她"的"你"；或是对女性的"我"来说，"你"最后成为"他"。

　　简单地说，自我需要走出一己之外，发现环绕四周的世界。唯心主义到了让生命力窒息、让生命泉源枯竭的境地。它几乎成功地使人深信自己周围的一切只是他自己和他的想象。相形之下，那个自发并且根深蒂固的心灵，则不断为大家呈现出许多与我们极为不同的确切实在，面对这种现象，唯心主义只能顽强反抗生命的本质，宛如固执的迂儒，用尽一切办法想让我们认清，所谓自发随兴的生活其实是

第九章

一种错误、一种幻象。

当守财奴认为手中的黄金只是长得像金子的假金币，他将无法继续享受身为守财奴的快乐；同样的，一个求爱者如果认为他喜欢的女性实际上并非他所想象的那个女人，只是他心目中理想女性的影子与幻想，他也无法继续爱这个女人。其他任何东西都不是爱，只是自恋，只是情欲上的自慰（auto-eroticism）。一旦我们相信自己深爱的女人并非我们想的那样，只是我们创造出来的影子时，我们梦想的一切将完全破灭。这不是夸大其词，即便是生活中的琐事（生活就是由这些琐事构成）也已经被唯心主义所侵蚀，被削弱了生命的活力，如果有更多时间，我将试着向你们证明这个现象。

然而，眼前有项艰难的任务，那就是摆脱唯心主义，从其牢笼中释放自己，让它得以接触周遭世界，使它不再沉迷于自身，而且尽可能抛开枷锁，如此，自我便能"守得云开见明月"（E quindi uscimmo a rivederle stelle）。但是，"我"要如何走出自己的藩篱，而之后又能回到自身呢？它会不会因此而再度落入古代世界那种天真的态度之中？对于这个问题，我的回答是：首先，这种脱离不是再次脱离，古代世界那种纯真的自我从来没有脱离自身，它之所以如此纯真，完全是因为它从来不曾进入自身之中。为了要跳脱出来，它必须先进入内在。这不是文字游戏，正如我们知道的，"我"是一个人最内在的东西；我们现在思索的问题，就是它如何跳脱自身却仍然保持这种最内在的感觉。这不是很矛盾吗？但现在是我们收割的时刻，我们不会因为这样的矛盾而惊讶，因为我们知道，每个问题都是两难的困境。不要想隐藏带来坏处的那一面，假装这样的困境不存在，相反，我们要阐明这个困境的利弊得失。"我"是内心最深处的本体，它就是我们内在的东西，它为自身而存在。然而，它必须寻找与其自身完全不同的世界，它必须脱离自身去接触这个世界，同时又不能失去内在的特性。因此，"我"既是内隐又是外在的，既是内收也是无拘无束的，既是被囚者，也是自由之身。这个问题真是令人惊奇。

当然，当我们主张必须超越唯心主义，当我们抱怨自己活得像个隐士，以及当我们说那曾让人们无比感动的唯心主义或许会危害到生命本身时，并不表示这些责难是在反对唯心主义理论。如果这个理论是千真万确的，如果其中没有什么论证上的错误，那么，就算有这么多非议，唯心主义也应该是无懈可击的。各种欲念、想望和对另一种真理的强烈渴求，将会直接冲撞我们的理智，而不是悄悄接近它。一个真理之所以为真理，不是因为人们渴望它，然而，如果人们不期望它的出现，那么真理也就不可能被发现；因为人们需要它，才会找到它。因此，只要我们对真理的渴求仍然保持绝对的无私与独立，那么，人或时代就能借着这份热忱，去发现这个或那个真理。唯有如此，才会产生历史。否则当那些全然迥异、毫不相关的真理像小铅弹一样猛然撞进人类心中时，我们将会不知所措。

如果伽利略撞见了爱因斯坦的真理，他是否能领悟并运用呢？真理只会降临在追求真理的人身上，只会降临到渴望真理的人身上，只会降临到内心已预留空间让真理进驻的人身上。在相对论出现的25年前，人们开始假设没有绝对空间或时间的四度物理学。正如爱因斯坦本人一再强调的，他所说的虚空空间早已出现在庞加莱的观念中。人们时常以怀疑的态度，并为了反对真理而说"欲求"是真理之父。正如所有的怀疑主义一样，这种说法毫无意义。如果人们需要某种真理，那一定是因为该真理的真确性吸引了人们的渴求。这种对真理的渴望超越自身，也超越自身能印证的一切，它会一直向前追寻真理。人们完全清楚自己什么时候想要真理，也知道什么时候只想为自己制造幻象，只想要虚假的谎言。

因此，当我们说这个时代既需要也希望能够超越现代性和唯心主义时，我们只是用谦恭的字眼和保守的说辞表达心里真正的意思；如果要以更高尚、更有分量的字眼表示，我们会说：扬弃唯心主义是伟大的智性任务，是这个时代的崇高历史使命，是"我们这个时代的主题"。对那些因为恼怒、轻蔑而多次抨击我的人，他们问："为什么我们这个时代必须改变，必须革新，必须向前迈进？为什么会产生那种热忱、对新事物的渴望，那种想要改进、建立新潮流的想望呢？"我的回答是：这件事情很清楚而且也让人惊讶，从最严格的意义来看，每个时代都有属于它的任务、它的使命和对改革的需求。我要特别强调，时间终究不是钟表能衡量的；时间乃是一项任务，它是一种使命，一种革新。

超越唯心主义绝对不是无聊的想法；相反，这样做代表承认这个时代的问题与命运。因此，我们要和问题搏斗，要面对这个时代带给我们的哲学怪兽。

哲学的根本改革

现在，我们将要进入回旋过程中的最后一圈，正如一开始进行新的循环时，我们要再复述一次哲学的最初定义，哲学是关于宇宙的知识，或是关于所有存在事物的知识。我们要做的第一件事，是在所有可能存在之事物中找出真正不可怀疑的存在，也就是找出什么是宇宙中可以让我们直接经验到的事物。当我们处于天真的心灵态度，例如原始人和古代人的心灵态度，或者我们不做哲学思考时的心灵态度，宇宙、万事万物、自然、一切有形体的东西，似乎都是既有且真实的。这就是我们最初认为实在的东西、认为存在的东西。古代哲学家寻求事物的存在，并发展一些概念来解释事物的存在模式，唯心主义却遭遇到一个事实，那就是事物、外在世界、宇宙都显示出另一种实在，这种有疑问的存在就是我们对于事物、外在世界及整个宇宙的想法。于是，一种新形态的实在就此产生，这是真正最初且真实的新的存在方式，这就是思想。

事物的存在方式展现出静态的特质，这种静态特性使事物永远保持它的本质，不会变成其他东西，而"运动"作为宇宙的实在，也是永恒不变的，它永远都是"运动"。另外，思想这种东西不仅是一种存在之事物，它还是自足的存在，它是可以自我解释、自我证实的。你们难道没有注意到，这两种存在方式，即思想与事物的存在方式之间有基本的差异吗？你们难道没有发现，我们必须具备根本上的新观念和与过去全然不同的范畴，才能了解这种被称为思想的实在吗？唯有如此，我们才能通过理论和科学思索它。然而，到目前为止，我们对它只有直觉上的理解，我们看到它真正的本质，但是我们很难找到任何恰当的文字来描述它、表达它，我们很难找到能够自我调整、能够像手套贴合在手上那样适合于它的独有词汇。

我们不但缺乏适当的概念，而且语言也是由关心宇宙万物的自然心态塑造出来的，关于这点，古代哲学除了让固有的语言概念变得更加优美之外，别无其他贡献。我们受到传统思维的影响，并出于习惯以旧有的语言和观念解释这个新事物，解释这个在现代发现的新的存在方式。因此，我们现在面对的，简直就是抹杀"存在"这个字的传统意义，由于这正是哲学的根本，所以对存在观念的任何变革都代表着哲学中的根本改革。在欧洲，有些人已努力了很长的时间。他们奋力不懈所获得的重要果实，就是我想提出的东西。我相信，这些革新将大大影响你们。

对存在于我们传统心理中那些最珍贵、最持久与最确切的概念，也就是存在的概念，你们应该给予相当的重视。我要公开声明：柏拉图、亚里士多德、莱布尼茨、康德甚至笛卡儿所了解的存在，根本就是彻底的失败！如果任何人仍固守"存在"的传统意义，将无法了解我接下来说的话，因为这个传统意义正是我想要改革的东西。

思想存在于"和思想自身有关"的意义与范畴内，它包含自证、自觉和自省。因此，它不只是静态的东西，而是一种反思。然而有人可能会说：正如你所说，运动也可以说是静态的存在，运动恒为运动，它不会是其他东西，所以思想是一种反思并不表示它就会是非静态的，因为反思也可以具有沉静不变的固定本质。的确，这种说法有一部分是正确的。就反思而言，它只是我的一种思想，除了作为思想，除了我觉得它是"反思"，没有其他的实在性可言。而且不论各方面，存在是纯粹的自我引导、自我创造及自我凝聚，我们发现的只是不定性。但我们不要用比喻的方式看待这种说法，应该以严谨的心态来了解它。思想的本质就是不定、毫不止息；它不是静态的东西，而是一种不断自我引导的活动。

为了使思想能够存在、成为世界上的一种东西，只要它被想、被思索就够了；换言之，思索它就是创造它，就是使它成为一种东西。当我在想它、创造它、实现它、激发它时，思想才会存在，也因为我在想它、创造它、实现它、激发它，所以它才存在。如果思想沉静了，它将不再是思想，因为那表示我将无法通过思考活动激发它。

假如你对这种奇特的存在方式仍无法完全了解，也不必惊愕。没有人能够在短时间内克服人类数千年来的推理习惯。的确，听我演讲时，你们一度觉得自己看清了一切；然后到了某一刻，你们的直觉又倏忽远去，心里再度渴望沉静，不希望受到激荡。不要让这种情况困扰你，因为事情将以一种完美、可塑、容易达到的方式来到我们面前。

宇宙的基本事实

现在，让我们回到我希望不会有任何困难而且显而易见的东西上。思想只存在于对自身的考虑，它无法怀疑自己的存在；如果我想"A"，那么很明显，思考"A"的这个活动必然存在。因此，关于事物存在的最初真理，我们可以用这个说法描述："思想存在"。如此一来，我们便完成了先前的回旋过程。其他的一切实在或许都是幻象，但是"思想存在"对我来说是一种这样或那样的感觉，也就是这个思想活动本身，是毫无疑问存在的。

这就是笛卡儿理论的第一步。但是笛卡儿的说法和我们不同，他说的不是"思想存在"，而是众人皆知的"我思，故我在"。笛卡儿的说法和我们有何不同？笛卡儿的理论有两个部分：一部分是"我思"，另一部分是"故我在"。笛卡儿的"我思"和我们所说的"思想存在"乃是同一个东西。这两个不同表达的差别在于：笛卡儿不满于我们认为完全充分的东西。正如在数学方程式中以两个相等的数相互取代，我们以"思想存在"代替"我思"，如此替代之后，笛卡儿说的意思就更加清楚了，"思想存在，所以我存在"。

我们正处于外科手术的过程中：改革的手术刀已深深切入"我思"之中，已切入唯心主义的内部之中。我们应当谨慎处理。

对我们而言，所谓思想存在，就等于说我的"我"存在，就等于说我的"自我"存在。因为任何一种思想都有一个思想主体作为它的构成要素，正如它必定包含一个"被思、被想"的对象。这样一来，如果思想存在，那么根据其定义，它的主体，亦即"自我"也必然存在，同时它的思考对象也必然存在。这种关于存在的定义，乃是一种真实且新颖的概念。我的思想之所以存在，是因为它是我的思想；我存在于我思索自己存在的时候，我的存在是因为我思索自己的存在。这正是唯心主义想要带给世人的新观念，而这也是真正的唯灵论，其余的都只是不可思议的东西。

虽然笛卡儿发现了这个事实，虽然他对所谓的"思想"具有充分的直觉，但是他没有摆脱物质宇宙的范畴，当他面对他所看见的这样东西时，那是一种完完全全的"表象"（seeming），是一种纯粹的虚拟，是一种动态的反思，他失去了他的平静与沉着。像古人或是托马斯学派的学者一样，笛卡儿必须抓住某种更稳固的东西，他必须抓住具体的东西。笛卡儿希望在思想背后找到某种能够自我彰显、自我引导并且能够自我解释的东西，也就是某种作为"物一般的存在"（thing-being）、某种静态的实体。对笛卡儿来说，表象般的思想并不是真确的实在；如果思想只是某种潜藏且静态之实在的性质，或单纯的外显现象，那它根本无法作为最基本的实在。

如果把上述的话转变成笛卡儿式的言论，我们就可以推论出：思想无疑是存在的，然而，如果它的存在只是一种表象，只是一种外显特质的话，那它就不是一种实在，它就不是传统语意下的一种东西。笛卡儿和我一样对万事万物感到怀疑，但和我不同的是，他并没有怀疑关于古代范畴的真确性，大家特别要注意，古典的存在观念（也就是笛卡儿提出来的率真看法）其实依赖着某种推理或省略三段论（enthymeme）。笛卡儿认为，如果思想现象无可怀疑地存在，那我们就必须承认这种现象的背后还潜藏着某种实在，我们必须承认在这种现象之后有种确切实在的东西在支撑它。然而，我并没有看到这种被我们称为"我""自我"或"真正自我"的潜藏实在，我无法清楚地体验到它，因此，我必须通过推理做出结论；为了证实自我的存在，我必须跨越一座"因而"的桥梁："我思，因而我存在"。

但是，谁是那个存在的"我"呢？啊！竟然是一个物！

"我"不是思想,而是拥有思想特性、展现出思想、以思想为现象的一种东西。我们又回到古希腊存有学那种毫无生命力的存在定义上了。笛卡儿以同样的说法、同样的态度为我们发掘了一个新世界,但是他从我们身边带走它,并完全抹杀。他直觉到一种因为自身而存在的东西,他看到了这种存在,但是他以希腊人的方式来看待这种存在,视它为具有实体的东西。这个二元性,这个内在的矛盾和全然的不一致,一直以来都是唯心主义和现代性的本质,也是欧洲自身的本质。

直至今日,欧洲人仍为希腊深感迷惑与陶醉,事实上,希腊也确实是迷人的。但是,在所有属于希腊的东西中,且让我们只模仿尤利西斯[1],而且只应模仿尤利西斯那自知应摆脱女色诱惑的美德,他知道自己该如何摆脱喀尔刻[2]和加里普索[3]的迷惑,知道如何不受海上女妖的歌声吸引,以及像雷卡米埃夫人[4]般风情万种的挑逗。荷马并没有告诉我们尤利西斯究竟是如何摆脱这些诱惑的,但是古代地中海

---

1. 尤利西斯(Ulysses),古希腊诗人荷马史诗《奥德赛》中的主角。
2. 喀尔刻(Kircē),希腊神话中的女神,可以把人变成动物,在《奥德赛》中,她把尤利西斯的部下都变成了猪。
3 加里普索(Kalypsō),希腊神话中的女神,住在海岛上。
4. 雷卡米埃夫人(Madame Recamier,1777—1849),19世纪法国社交名人。

地区的水手们都清楚知道，要让自己不受海上女妖的歌声蛊惑，唯一的办法就是以自己的歌声应对（尤利西斯是第一个唐璜，他离开妻子珀涅罗珀，在海上遇到各种迷人的尤物，和她们相恋，然后又离开她们）。

希腊的影响力已经式微，现在，希腊人一点都不古典，他们只是充满古老的气息，当然，古色古香的东西总是令人惊奇的。同样，他们也仍会引起我们的兴趣。但对我们来说，他们不再是卖弄学问的老师，而是朋友。我们要掀起讨论，我们将要在最关键的重点上辩驳他们。

现在我要告诉大家哲学中最重要、最困难，同时也是绝对新颖之问题的来龙去脉。让我们想象以下情境：在我们发现我们的主观自我之前，我们认为除了见到的关于自己的一切事物，就再也没有其他的实在。在这样的情况下，我们对于这些事物的存在性会抱持着怎样的观念呢？例如说，我们在马戏团看到的马，那些马是什么东西呢？是什么样的存在？它的形体、颜色、身体都呈现在我们面前。但这些就是马的实体、马的存在吗？可以说是，也可以说不是。马不只有形状，因为它还有颜色等东西。颜色、形状和触摸时所产生的阻力都是彼此相异的，而马是这一切东西的综合体，或者更确切地说，马是这一切东西集合起来的单一物体。但是这个将颜色、形状等结合起来的东西却是看不见的。我假定它的存在，我创造了它，它是我对这个颜色和形状共同构成的一个持续可观察之事实做出的解释。马具有的真实本质藏在它的外表、可见和可持续元素的背后，它是潜藏在颜色、形状等元素之下的东西。这个东西就被视为单一的整体，它支持着我称之为"马的属性"的那些东西；更确切地说，它并非"马"本身。所以，这个动物的存在本质并不是它所具有的那些可见及表面的东西，而是某种支持着它各种表象的东西，那是由诸多属性构成的基础本体、潜藏于这些属性背后的存在，它是这些属性的根本、这些属性的本体；换言之，所谓的基础本体就是我假定隐藏在我所见之物背后，在其种种表象下的东西。

但除此之外，马还在活动，它的毛色会随着时间的流逝而改变，它的身形姿势甚至也会因为劳作而产生变化，它的外在表象变化是无穷的。如果马这个概念必须包含它的各种外在形象，那么它就不能只是一匹马，而必须是各不相同的马。这就是说，马既是如此、又是那样，也必须拥有其他的形态，它不会是特定的这一匹马、那一匹马或某一匹马。但是现在，让我们假设在那些表象下，有一个看不见而永恒的东西，是这个东西让那些表象一一呈现。那么，我们可以说，这种种变化来自一个独一无二的东西：

这个实体就叫作"马"。尽管同一匹马可能会改变外观，然而它却有一个静止不变的实质本体。这个实体除了支持它各种不同的性质，也是承载这些偶然情况或变化的本体。

希腊人对于存在观念的最特别说法，就是一种根本的、主要的或实体的存在，这种存在是不动且不变的。在这个根本实体中，包含了一切变化与运动的开端，我们在亚里士多德所谓上帝的概念中也会发现一种存在，这种存在本身不为任何东西所动，但它能够使其他事物产生变动，它是一股不动的动力。如果世界上除了那些来自外在的东西（除了我们感觉到的东西），就再没有其他任何的实在，那么，这个同时作为实体与静态的观念便是最确实且坚不可摧的。因为事实上，对于那些外在的东西，我们得到的只是它们的表象。但是，马之所以存在，并不只是因为它表现出种种属性；的确，我们只把表象看成是一种现象，而不是一种实在。

举例来说，让我们试着把纯粹的颜色当成一种实在，当成一种能够自我支持且自足的存在物。你将会注意到，这种情况是不可能的，正如有正面而没有背面、有上没有下，都是不可能的。颜色是某种实在的一部分，而且当颜色存在时，该实在才算完整；颜色是某种物质实在的一部分，颜色装饰着也同时支持着那实在。换句话说，我们假设了一种使颜色存在的实在；如果我们没有发现它、也不假设它，我们就不会认为自己触及了颜色背后那种真实且确定的存在。我稍早之前曾经提过并应用到这点，因为它是最经典、最有名的例子，我们必须从这种假设出发，才能让别人了解我们要表达的内容。正如我曾在本演讲中提到许多似乎众所周知的东西，我必须先提出它们，然后才能驳斥它们。

笛卡儿认为思想仅是反映它自身的一种表象，而这也正是他不相信思想可以自足存在的原因；于是，他盲目地，甚至近乎机械式地将旧有的实体范畴套用在思想之上，并且在其背后找寻能够支撑它、让它显现出来的基本实体。他认为自己发现了本质，发现思想本体不在思想本身当中，而是在一种从事思想活动的东西中，对他来说，这是"无须依赖其他事物之存在（quod nibil aliud indigeat ad existendum）"。因此，思想一方面是唯一确实存在的东西，因为它的出现本身就证实了思想存在；另一方面，为了让思想存在，必须有个基本且不外显的东西来支持它，也就是能够进行思想活动的东西。你难道没发现我们正依循着一种"吸引物"（iman）的观念吗？你难道不知道我们正在依循一种习惯，也就是假设我们看见的东西背后有某种能够解释表象的东西、某种我们看不见的神秘实体？

事实上，没有人曾经直觉到实体的存在。笛卡儿言论中的第二部分，也是相当不确定、相当无用的一部分，这部分的言论试图将思想实体化，它贬抑思想是一种具有实体存在、物质般的事物，并借此削减思想的重要性，笛卡儿以它来取代其言论中的第一部分（也就是思想存在）。我们必须否定这样的看法！思想和自我不是同一个东西。思想之存在不需要依赖其他东西；否则，笛卡儿就不会接受其言论中的第一个部分，他就不可能说思想存在，也不可能基于这个真理而产生他的结论，也就是"故我在"。

我们必须了解，笛卡儿的这个公式虽然很有创造力，而且对于发展其本身以外的后续真理也非常有用，然而，若是仔细且全盘观之，我们就会发现它简直就是一种矛盾。因此，三个世纪以来，几乎没有人能够真正明白笛卡儿的论证。而且你们也将了解，那少数几个了解笛卡儿论证的人，是因为他们有勇气对自己诚实并承认自己一开始就不了解它，唯有如此，他们才能真正了悟。我曾经在德国的马尔堡（Marburg）住了三年，这里的人自认是笛卡儿思想的专家。在当时，我日复一日、年复一年地提醒自己顺从他们的观点，但是我敢保证，他们从来没有了解过笛卡儿的论证，换言之，马尔堡人虽然自以为沉浸在唯心主义中，但他们从不了解唯心哲学的根源。这种普遍的空洞思想乃是来自一种理智上的通病：人们总是拼命地从一句话中挖掘出某种意义，并称之为"了解"。然而，如果想要真正了解它，我们就必须问自己这是不是这句话代表的唯一意义，也就是说，这是不是唯一符合整句话的意义。所谓"我思、我在"可以通过很多，甚至无数种方式诠释，但事实上，它只表示一种意义，而了解这个意义才是最重要的事。

笛卡儿将思想的主体转变为实体。但当他这么做，他也同时将思想和其主体切离；他把思想主体变成一种宇宙的、外在的事物，在这种情况下，它将不再是"被思考的"。同时，由于它不再被思考，它也将无法存于自身之中，它也无法创造自己并且使自己存在。换句话说，那个在思考的东西将不会想到自己，正如"石头"或"房子"这些实体无法因为自觉是"石头"或"房子"而存在。根据这种看法，基本上我只是我所自觉的某种东西，其余的一切都是不可思议的。

所以我们可以明显看到，如果只是将思想的主体转移到某种客观的实体上，那么唯心主义将无法创造出完全符合自己理论的新的存在方式。唯心主义要我怀疑自己对于实在的信念，也就是这座戏院似乎具有在我心灵之外的实在。它告诉我，这座戏院事实上只是一种思想、一个影像或是戏院的一种想象。这也就是说，它变成了我们以前曾经提过并归为想象之物的狮头羊妖,我们将它自真实花园中拿出来并放入心灵的清泉之中。换言之,事物不再是别的,它们只是"意识的内容"。这就是19世纪哲学最常用的说法,虽然这种说法可以且也应该存在于笛卡儿的思想中,但是它并非出自笛卡儿的思想,而是源自康德的著作。由于康德,我们才能了解外界实在并将它置于心灵中。

我为世界,世界为我

但是,让我们放慢脚步,来看看在唯心主义这个基本理论中,什么东西是稳固的,什么东西又是无法接受的。的确,假定的外在世界之实在毕竟只是一种假设;也就是说,自足的且独立于我之外的实在,是相当不确定的,因此哲学无法接受它。但这究竟是什么意思呢?简单地说,就是外在世界并非真的在我对它的了解之外,外在世界并不存在于外在世界之中,而是存在于我对它的认知之中。那么,我们应该把它放在哪里呢?是放在我对它的认知当中,放在我的心、我的思想之中,放在我的内在之中吗?唯心主义视这个问题是两难的议题,这座戏院若不是在我之外具有绝对的实在,就是存在于我的心中;为了存在,这座戏院必须存在于某个地方,而且毫无疑问，它必须是某个东西。可是，我无法保证它存在于我的心灵之外，因为我不能脱离自己，接触在我之外某种假定的绝对实在。因此，我们别无他法，只能认为它是存在于我心中的心理内容。

不过，唯心主义的推论应该更加谨慎才对。确定只有两种可能性，即在我内心或不在我内心之前，我们应该仔细思考以下问题：当我们谈论戏院时，所谓的"意识内容"或"心灵内容"这类描述是否具有任何清楚的意义？有没有可能这种描述其实毫无任何意义，就好比"方形的圆"仅是由两个彼此矛盾的词组合在一起。

让我们仔细讨论一下，看看当我说到"戏院"时，我指的到底是什么。当我提到"戏院"时，我对它的认知是一个高于 20 米的房间，它有着特定的长度与宽度，其内有蓝色的座椅、遮帘和背景布幕等。如果我说这是我的意识主体的内容，那么我等于是在说某个高 20 米的蓝色物体实实在在地构成了我的一部分。但是，如果它真的构成了我的一部分，我就可以说我的思想中至少有一部分具有数米高和宽，如此一来，我就具有了可延展的特质，我的思想就占有空间，而且还包含了蓝色在其中。

我们很快就可以发现这其中明显的荒谬之处，针对这样的荒谬性，唯心主义者对自己提出了这样的辩护："我要撤回'戏院构成我的意识主体之内容'的说法,关于这一点,我要修正如下:'我的思想或意识所包含的内容,当然只是我对该戏院的想法、影像或想象。'"好吧,唯心主义者说我在思想、我在想象,这并没有什么不可以;唯心主义者说我的思想和想象是我的一部分,应该包含在我的内心中,这也没有什么不对。但在这种情形之下,戏院就不再是讨论的对象,也就是说,戏院被我们置之度外。因此,将戏院视为是"非内则外"的想法是错误的。戏院是一个外在的实际存在体,它永远在我们的内心之外。世界并不是我的"表象",叔本华使用这个词时具有双重歧义,而且几乎所有的唯心主义者都是如此。正确的说法应该是:我对世界形成表象。真正属于我的部分乃是进行表征的活动,这才是"表象"的确切意义。

"我所表征的世界"与"我的表征活动"两者并不相同。属于我的是"我的表征活动",而不是"被表征的表象"。叔本华犯了基本的错误,当他讨论"思考本身"和"被思考的对象"这两者的关系时,他仅使用了"表象"这一词代表两者,因此产生混淆。这也是我认为这个著名的词(出自他那本有趣的书的书名)非常粗糙且不洗练的原因。用粗糙形容或许还不够,我想连小孩都认为它模糊不清。

那么我们要如何才能确切知道戏院到底在哪里呢?答

案很清楚，它既不在我的思想之中（不是构成思想的一部分），也不在我的思想之外（如果我们把"之外"理解成"毫不相干"）。戏院和"我对戏院的思考活动"密不可分，它既不在我的思想之外，也不在我的思想之中，它和思想乃是相连在一起的。这就好像是正与反、左与右的关系：右不是左，而反也不是正。

不要忘记当初我们依循唯心主义并推导出其论点时采用的推论方式。我原本看见花园，但当我合上双眼后，花园便不复见，这一点无须争论，但这之间究竟发生了什么事？花园和我之所见，也就是我的意识及其对象，或者说是我的思想及其所思之物同时消失无踪。不过当我再次张开眼睛，花园又再度出现，因此，只要思想与视觉存在，它们的对象，那被见之物，也会同时存在。这是一个无可争论的事实。由于哲学只希望包含无可争论的事实，因此我们只需要如实接受并同意这个事实即可：外在世界只有当我思考它时才存在，但外在世界并不是我的思想，我也不是戏院、不是世界，戏院是我面对的对象，世界是与我相连的事物，世界与我密不可分。总而言之，我们要说的是：世界并不是独立于我而存在的实在，它是我感受到的东西，在那个当下，它仅是如此。

到目前为止，我们一直依循唯心主义的前进脚步，但现在我们要加入新东西：由于世界只是我感受到的东西，因此它只是看似实然的存在，也正因如此，我们并不需要寻找这个表象背后的实体，我们既不需要像古人一样在这个扮演着支撑角色的宇宙中寻找该表象的实体，也不需要自己创造出某种存有（某种心灵内容、表征，或所见、所触、所嗅、所想象之物）来承载该表象。这种古老的巨大偏见应该从现代思想中连根拔除。

这戏院与我之间没有任何介质，该戏院的存在是因我看见它，而它完完全全就是我见到的那样，不多也不少。我见到的戏院穷尽了它的存在现象，然而，它并不在我心中，它也不能与我混为一谈。我们的关系明白而且确定：我是正在观看它的人，它是我正在观看的东西，如果它和同类事物不存在的话，我的视觉也不存在，换言之，我就不会存在。当被观察的事物不存在时，观察者也不复存在。

唯心主义的错误是将自己转化成主观主义，它强调事物必须依赖观察者而存在，也就是说，事物的存在必须仰赖于我的主体性，然而，唯心主义却没有发现我的主体性其实也同时依赖于事物的存在，这就是唯心主义的错误。这个错误的症结，在于它让我们吞下了世界，并使我们无法与世界直接接触、密不可分，又同时泾渭分明、不相混淆。这种错误之荒谬，宛如有人宣称"我是蓝色，因为我看见蓝色的物体",或"那蓝色的物体是我本质的一部分,因为我看见了它"一样可笑。我一直都与我自己常相伴随,我就是我自知的那个我,不会是其他东西,即使我想要寻找一个与我有别的世界,我也不需要走出自己之外;世界总是与我相连,而且我的存在也总是与世界同在。我就是我内心最深处的存在,因为没有任何超越性的事物能够进入我的心,与此同时,我也是一个让世界可以赤裸展现其本质的地方,它有异于我,它是我之中的外来部分。外在世界,也就是宇宙,与我直接接触,在这个意义下,我们的关系是亲密的,但它并不是我,因此在这另一个意义下,它乃是外来且陌生的。

因此,我们必须修正哲学的出发点。宇宙的予料并不只是单纯的"思想存在"或"思想者-我-存在",而是"若思想存在,身为思想者的我及我所思考的世界也必然同时存在,两者共存而不可分离"。我并不是一个实体的存在,世界也不是,但我与世界之间有着积极的活动关联性。我是观见世界的人,世界是被我所见之物;我因世界而存在,世界也因我而存在。如果不存在可被观见、可被思想或可被想象之物,我将无法观见、无法思想、无法想象;换言之,我将不存在。

莱布尼茨在其著作的某个角落中简短地评论了前辈笛

卡儿，他认为，关于宇宙，并没有单一的最初真理，而是有两个同样重要且密不可分的最初真理：其中一个是"我作为思想活动而存在"，另一个则是"许多事物被我所思"。即使到了今天，也还没有人因为这个伟大的思想创见而受益，即使是通过他本人的传授启发也一样，这实在是令人感到惊讶。

总结来说，在我们仔细寻找宇宙的基本予料的过程中（毫无疑问，它绝对存在于宇宙之中），在我们夸张地强调怀疑这项因素时，我们发现了一个重要、基本而且能够自我证明的真理，这项真理就是自我（也就是主体性）与其世界相互依存。当其中一方不存在时，另一方也不会存在。如果我不面对并衡量周遭的事物，我的理解就不存在；如果没有事物在被我思考，我的思考就不存在。因此当我发现自我时，我总是发现我正在面对世界；当我探讨主体性和思想时，我发现我自己乃是双重事实的其中一部分，而另外那一部分就是世界。因此，那不可否认的基本事实并不是"我存在"，而是"我与世界同在"。

唯心主义的悲剧，就在于它像炼金师一样把世界转化成"主体"，转化成主体的意识内容，它让主体局限在自身中。这种观点使得唯心主义无法清楚解释：如果戏院仅是我内心的影像，仅是我内心的一部分，那为什么它看起来会与我如此不同呢？现在，我们已经突破了唯心主义的这种观点，进入到全然不同的境界，我们已经触及了一个无可怀疑的事实，就是那两个不可分割之事物的关系，其中一个是能够认知的思想者，另一个就是被认知者。意识仍然是最内在的自我，但现在我所直接接触的并不再只是我的主体性，而是还包括了我的客体性，也就是那清晰单纯的世界。意识主体并不是隐士，恰恰相反，它乃是每个实在都必须预设的一种最奇异的基本实在。我考虑事物或世界的当下，我就是我自己，这是心灵的至高特性，我们必须接受它、承认它，并且还要如实描述出它美妙的奇特性质。心灵完全不是自我封闭的自我，而是出类拔萃的开放性存在。看见戏院的过程，就是敞开自我去面对"非我"的过程。

这个新的情况并不会自我矛盾，它不但和心灵的原本态度完全一致，它更保留并承认心灵的良知。除此之外，它也保全了古哲学信守的实在论主张中最重要的部分：外在世界不是幻觉、幻想、主观的世界。这种新的哲学立场之所以能够如此，就是因为它坚持了唯心主义的主张，唯心主义坚信，唯一不可怀疑的事物就是我所感觉到的存在，而它还进一步加以纯化。你是否了解身为女儿的哲学主张，也就是这真正崭新的主张，是如何孕育它自己概念上的母亲，也就是那古老的、真正的且成果卓越的古老主张的呢？

让我再次强调，所有的超越都是对过去的保留。那种宣称"只有意识本体、思想或'我'才是唯一的存在"的说法乃是错误的。真正的事实是：我与我的世界共存，而且我存在于我的世界之中，我的存在乃是落实于我与世界的互动，是我看见世界、想象世界、思考世界，是爱它、恨它，是为它感到悲伤、快乐，是穿梭其中、遨游其中、转化世界、因世界而受苦。如果世界没有与我共存、与我面对面接触，没有环绕着我，如果世界没有给我压力、没有展示自身、没有激起我的热情、没有让我感受到痛苦，那么我将不可能做到上述的一切。

但这到底是什么呢？我们到底在无意间发现了什么东西？我们观看这世界、爱这世界、恨这世界、欲求这世界，我们在世界中活动、受苦并展现自身，关于这些事实，如果用最平凡和普通的名词表达，就是"我的人生"（my life）。什么是"我的人生"？它就是那最初的实在，一切事实所奠基的事实，它就是宇宙的予料，它就是我所承受的感觉，就是"我的人生"。它不是单独的我，也不是封闭的意识本体（这只是唯心主义式的诠释）。"我的人生"赋予我的及我人生的主要任务就是在世界中发现自我，这其中完全没有含糊不明之处。我正存在于当下的这个世界，存在于眼前的这个戏院，这个戏院就是我所不可或缺之世界的一部分，我存在于此时此刻，存在于我正在做的事情。我，正在哲思。

结束了抽象化的思考，当我寻求不可怀疑的事实，我并没有在思想中发现那些一般性的事物，我只发现了极度个人化的自我，也就是正在思考基本事物的我，正在进行哲思的我。这也就是为什么哲学活动最先发现的就是"一个正在哲思的人、一个想要思索宇宙并寻出某种不可怀疑之事物的人"这个事实。

请注意，哲学活动最先发现的并不是哲学理论，而是正在进行哲思的哲学家，也就是正在生命过程中体验哲思的哲学家，这种生命中的哲思过程和其他活动一样，如同以后我们也可能发现这位哲学家因悲伤而四处游荡、在舞厅中跳舞，或因消化不良而痛苦、对路过的美女一见倾心等。换句话说，我们发现哲思活动或理论活动乃是生命中的活动，乃是生命中的一种事实；它是我们生命的一部分细节，它存于我们愉快又悲伤、充满希望和害怕的浩瀚生命之中。

每个人的生活

因此，哲学必须做的第一件事，就是定义宇宙的予料，定义"我的生命""我们的生命"，以及每一个人的生命。

生命的过程就是在寻根溯源，其对象包括了我在自己的生命中发现的所有其他事物，以及所有其他存在，无论多么细枝末节都不遗漏。一个人的生命中存在众多其他事物，而这些其他事物则显示出其生命的本质。那最深奥的数学方程式、最抽象且最严肃的哲学概念、宇宙本身，甚至是上帝本身，都是我在我的生命中发现的事物，它们存在于我的生命中。因此，这些事物最基本且重要的本质，就是它们存在于我的生命中，如果我不知道什么是"活着"（to live），我就无法定义它们在我生命中的意义。

生物学家用"生命"这个词来描述有机的存在现象。有机物只是世界中的某类事物，与其相对的是无机物。哲学家告诉我们一些与有机生物体有关的重要信息，但当我们说到"我们活着"时，当我们谈到"我们的生命"，也就是"每个人的生命"时，我们其实为生命这个词赋予了更直接、更宽广且更明确的定义。野蛮人与无知者都不懂生物学，但他们有权利谈论"他们的生命"，并让我们了解"生命"这个词的背后蕴藏了先于所有生物学、科学与文化的重要事实，这是伟大、基本且惊人的事实，它是所有其他事实都已预设、已蕴涵的事实。生物学家在自己的生命中发现了"有机生命"，那是他们生命中的一部分细节，它仅是他生命中从事的一项事物而已。生物学和其他所有的科学一样，都是生命中的活动或形式。哲学是一种哲思，而哲思也毫无疑问是生命的一种进行方式，它就和跑步、恋爱、打高尔夫球、对政治激愤或在社会中呈现淑女气质等是一样的。它们都是各种不同形式的生命活动。

因此，哲学的基本问题就是要定义我们所谓的"我们的生命"，就是要定义这个我们面对之主要问题的存在方式。现在我要告诉大家，我们每个人的人生，只能由我们自己决定，生命是不能转移的。它不是一种抽象的概念，它是属于我们每个人最独立的存在。现在，哲学第一次拥有了一个具体而不抽象的出发点。

这就是我之前曾经为大家宣告的新景象，其实，它乃是最古老的、一直被我们搁置在一旁而忘却了的景象。为了开启旅程，哲学回到了自己的背后，并将自己视为一种生命的形式，而这乃是最真确且踏实的一种做法；换言之，它以生命为寄托，将自己沉浸于生命之中，在那一刻，它成了生命中的沉思。这是多么古老的景象，但它看起来是如此新颖。它的新颖已经大到被我们当成这个时代的最伟大发现；它的新颖，已经大到让所有传统的哲学概念全无用武之地。我们必须将生命这种存在方式归入新的范畴，它不能归属到那些古老的宇宙物质范畴之中，我们必须试着摆脱它们并为生命找出其所属的范畴，我们必须试着找出"我们的生命"的本质。

现在,你将看到,那些你曾经认为难以理解、难以体会、难以捉摸或者看似文字游戏的事物,都将以清晰而且直接的形态重新展现,好像你已经在脑中思索过它们无数次。它们将会无比清楚、无比直接、无比明显,有时候我们甚至还会觉得它们太过清晰。你会为听到它们而感到困扰,因为我们无可避免地会触及每个人生命中的秘密。现在让我们揭示一个秘密,生命,就是这个秘密。

注释:从各方面来看,奥古斯丁都是第一个堪称浪漫且又令人畏惧的巨人,包括他的浪漫想法、对自身的担忧与折磨,以及他让罗马帝国与天主教的尖曲鹰喙刺穿自己胸膛等。天堂乐园里的亚当后来变成只关注自我内心的悲叹亚当,有趣的是,如果我们回想《旧约圣经·创世记》的记载:亚当和夏娃被赶出伊甸园后,他们最先发现的就是他们自身。他们意识到自己,发现自己的存在,并且对自己感到羞耻,因为他们发现自己竟然赤身裸体!由于他们发现了这样的自己,于是就以毛皮包裹自身。请注意,他们之所以遮掩自己,正是他们发现自己之后的结果。很显然,当人类意识到自我及自己的主体,他便了解这不可能存在于外界,不可能像岩石、植物或野兽一样与外界接

触，人类的自我乃是隔绝于周遭之外、封闭在自身之中的，正因如此，人类的自我才是自我。"我"是隐蔽的、私密的自己，衣衫象征边界，它隔绝了"我"和世上的其他一切。正如我所说的：遮蔽自己是发现自己之后的立即反应。这个说法还不够精确，因为这听起来像是还有另一个事物介于两者之间；这听起来像是亚当发现自己之后对自己感到羞耻，由于他很羞耻，因此他遮蔽自己。我们应该说，那直接的反应，也就是对自己感到羞耻，其实正是发现自己这件事。但这到底代表什么意思？难道"羞耻"就是"我"发现自己的展现模式吗？难道这就是对自己的真正自我意识吗？

第十章

前一章中，我们发现了宇宙最基本的予料（也就是最初的实在），那是全新的事物，它不但与古人作为思想出发点的物质存在完全不同，也有异于现代人作为思想出发点的主观存在。

虽然我们已找到一种不曾为人所知的新的实在，但这些字词可能没有完整传达出其中的重要性。你或许会认为，这顶多只是新的事物，虽然它和其他已知的事物不同，但它终究仍是一种"事物"；你可能会认为，虽然这种存在或实在与其他已知的存在或实在不同，但它仍然只是一种"存在"或"实在"；换句话说，无论这项发现有多重要，它的重要性也只和发现新物种差不多，新物种虽然是新的，但它和其他已知的动物一样都是动物的一种，因此，"动物"这个概念依然可以继续延用。

对那些怀有如此想法的人，我必须很抱歉地说，我们讨论的东西之重要性与决定性远远超越那样的看法。我们发现的乃是一种新的基本实在，它与过去哲学承认的事物彻底不同，因此，面对这个新的基本实在时，过去那些关于实在与存在的传统概念完全派不上用场。如果我们仍然不得不继续使用这些旧概念，那是因为我们发现这个新的实在时，我们还没有发展出新的概念。毕竟，如果想要形成新的概念，就必须先有某种全新的事物。这项发现不仅是一种新的实在，它更开启了关于实在的新概念，并启发了关于存在的新科学与新哲学，它更对我们的生命造成影响，让我们展开全新的生命。

即使是最杰出的人，也还没办法说明这项发现会对现在及未来的我们带来怎样的影响与变化，我也不愿催促大家去推测。我不用再强调我过去说过之话的重要性，而且我一点也不急着提出理由。提出理由并不像火车那样必须在特定的时间开动，仓促的理由必然是不健全或具有野心的。我只希望在听我演讲的年轻人中，有些人能够拥有强健的灵魂并因此对心智的探险充满敏锐触觉，我希望他们能够牢记我上星期五说过的话，并且不吝惜地时常回想它。

新实在论及关于实在的新概念

对古人来说,存在指的是"事物";对现代人来说,存在指的是"最内在的主体性";对我们来说,存在指的是"生活"(living)[1],也就是与我们自身的直接私密关系、与事物的直接私密关系。我们肯定,身为现代人的我们已经到达了更高的精神层次,因为当我们回首过往的足迹,重新检视我们根据的出发点(也就是"生活"),我们会发现古代与现代的思想已相互融合,它们受到保存,而且有所接替。我们站在了更高的层次、我们自己的层次上,我们站在了这个时代所属的层次上。这种"时代所属之层次"的概念,并不只是修辞而已,稍后我们会知道,它乃是真确的实在。

让我们快速回顾先前曾经走过的道路,看看当初是如何得出以下结论的:宇宙的基本予料(也就是宇宙中最根本且完全不可怀疑的实在)乃是"生活"。事物的存在是有疑问的,就像我本身的存在也有疑问,因此,我们必须放弃古人的实在论主张。"我在思索事物"则是不可怀疑的事实,同时,"我的思想存在"也同样不

---

1. Living,不可误解为日常"生活"那种具有琐碎意义的生活,而应理解为"体验生命"的意思。

可怀疑，所以事物的存在乃是依赖于我、依赖于我对它们的思索，这是唯心主义主张中结构扎实的部分。关于这部分，我们愿意接受。但在接受它之前，我们希望能先彻底了解它，因此我们自问：当我在思考事物时，事物究竟是在什么意义下依赖于我？它们究竟是通过什么方式依赖于我？当我说事物只是我的思想，这些我思之物的本质到底是什么？

面对这些问题，唯心主义答道：所谓的"事物依赖于我"及"事物只是思想"，指的是"事物是我的意识内容、思想内容，或者自我状态之内容"。这就是唯心主义主张的第二部分，也是我们无法接受的部分。我们不接受它，是因为它没有意义。要判断命题是否为假，这个命题就得有某些含义或意义；换句话说，只有当我们理解"二加二等于五"这句话的意义时，我们才能说它为假。

但唯心主义主张的第二部分并不具有意义，就好像"方形的圆"是毫无意义的句子。如果说这座戏院就是这座戏院，那它就不可能是禁锢于我内心中的某种事物。我并不是蓝色，也不占有宽广空间。我包含的（也就是我的本质）就只是我对戏院所形成的视觉与思想，只是我对繁星形成的视觉与思想，至于戏院和繁星本身不是我包含之物，也不属于我的本质。思想及其所思之物的关系，绝对不是唯心主义者想的那样，思想的对象绝对不在思想者之内，绝对不是构成思想者的一部分。相反，思想的对象是我们发现的，它与我们本身不同且存在于我们自身之外。

因此，我们不应该认为意识主体是封闭的，也不应该认为它只能认识自身，或是只能认识自身之内的事物。恰好相反，我能觉察到我思考之事物，例如当我思量所见之物，或者当我思索繁星时，都能觉察到这些事物的存在，在这过程中，我所认知到的乃是两种密切结合但又截然不同的存在，即看见繁星的我，以及被我所见之繁星。繁星需要我，而我也需要繁星。如果唯心主义就只是单纯主张思想存在、主体存在或自我存在，那它的主张虽然不够完备，却没有错误。然而，唯心主义并不满足于此，它还额外主张：唯有思想存在、唯有主体存在或唯有自我存在。这个主张是错误的。如果主体存在，客体也会存在，它们两者不可分割，而且反之亦然。如果身为思想者的我存在，我所思考的世界也会存在。因此，最重要且最基本的真理就是"我与世界共同存在"。所谓的存在就是共同存在，存在是"当我看见某种不是我的东西"，是"当我爱上某种非我之事物"，存在就是"我在经历事物"。

第十章

贫乏的自我

事物与我之间的关系,并不是唯心主义相信的那种单边依赖关系。事物不只是我思和我感受之对象,这其中还包含一种反向的依赖关系,我也依赖着它们、依赖着世界。我们正在探讨的乃是相互依存的关系,一种关联性,简言之,就是共存。

唯心主义曾经对思想有着清晰且强烈的直觉,为什么它现在却犯了这种错呢?简单地说,因为它毫无考虑地接受了关于存在和存有的传统概念。根据古老的概念,存在和存有乃是完全独立的,因此,以往的哲学都认为唯一的真实存在就是那"绝对的存有"(Absolute Being),也就是一种存有学上的最高独立性。当笛卡儿提出存在的概念,并定义实体是"无须依赖其他事物之存有"时,他比任何人都了解其中的道理。实体的存在就是独立的存有,就是自足的存有。当唯心主义发现"基本且不可怀疑的实在就是我在思考,以及某物在被我思考"(这其中具备着一种二元性和关联性)时,它不敢公正地承认这项事实,它只敢说:"当我发现这两件整合在一起而且彼此依赖的事物,也就是主体与客体时,我必须决定两者中何者不需要对方就可以独自存有。"然而,我们却没有发现任何确切的证据来支持"'存有'就只是'自足的存有'"的看法。相反,我们发现唯一不可怀疑的存在,就是事物与我之间的相互依赖性,事物是我感受的对象,而我是感受事物的主体。因此,不可怀疑的存有并不是自足的存有,而是"有所需求的存有"。存有的真正含义乃是相互的需求。存有就是需求,我需要事物,事物需要我。

这项修正具有无比的重要性,但由于它是如此表面、不深奥、清楚简单,以至于大家几乎羞于承认它。你看到哲学是多么注重表面性了吗?其实哲学就像是翻开自己底牌让对手瞧见的游戏。

我们之前曾说过,基本的事实就是我与事物共存。但我们几乎没有提过,当我们认知到"我偕同世界存在"这个既单一又二元的首要实在,这个具有根本二元性的奇妙事实时,我们其实并不应该将它称作"共在"。因为,共在仅仅意味着"一物存在于另一物旁边",仅仅意味着"有两物存在"。根据过去那种偏颇且静态的存在概念和存有概念,所谓的"共在"就成了错误的描述。那种状态并不是世界独自存在于我身旁,而我也独立存在于世界之侧,它其实是"世界因我而得以持续存在"的概念。世界的特性是动态的、面对我的、与我相对的;同时,我则是与其互动之人，我观视它、想象它、感受它、爱恋它、憎恨它。

我们可以正式宣告，静态的存在概念已经终结，已经成为过去。稍后我们会了解它所扮演的次要角色，但现在，就让我们以活动的存在概念取代静态的存在概念。当世界的存在与我产生关系，它涉及我的功能运作，也就是我对世界的影响与动作。由自我看见世界、思想世界、感触世界爱恋或憎恨世界、迷恋或讨厌世界、改变世界、消耗世界以及承受世界等构成的实在，就是我们一直说的"生活"。这就是"我的生活"，就是"我们的生活"，就是我们每个人的生活。

那么，就让我们高挂起"存有""共存"及"存在"这些让人尊敬的神圣字眼吧，我们用以下说法取而代之：宇宙中最根本的事物乃是"我的生命活动"，以及我生活范围内所有存在或不存的东西。在这个新的观点下，我们可以合理地认为宇宙和上帝被包含在我的生活中，因为"我的生活"并不只包括单独的主体"我"而已，我的生活还包括了世界。我们已经超越了过去300年的主观主义，自我已经从它的内在牢笼中解放；自我不再是唯一存在的事物，它已无须再承受以往我们面对的那种身为唯一的孤独感。我们已经挣脱了现代人退缩回自我心中的倾向，远离了那与世隔绝且不见天日的阴暗角落，那无法伸展野心与欲望翅膀的狭隘空间。我们走出了自我的狭小地窖，走出了隐士的病态之屋，在那间充满镜子的房间中，我们唯一能看见的就只是自我的镜像。现在，我们已经接触到外界的自由空气，双肺终于呼吸到宇宙的氧气，我们的心也终于能高展翅膀飞翔，终于可以开始追寻仁慈。世界再度形成地平线，包围我们，就像海的边缘围绕着我们；宏伟的世界如弓弯曲，我们的心受到启发而渴望以箭的姿态迎上，怀着乐观与希望的心总是充满苦痛或快乐，就让我们自世界之中拯救自我吧，让我们"在万物中拯救自我"。

当我写下上面这些文字时，我正在唯心主义的圣地进行研究，22岁的我画下如此的生命蓝图，却也因不知未来是否成熟而恐惧。但终于，我们做到了再次拨云见日。

不过，我们现在必须先明白，那真实且根本的实在，也就是"生活之活动"，究竟有什么特殊之处。当我们试着了解"生活"，所有传统的哲学概念与定义都派不上用场。我们见到的乃是崭新的事物，因此，我们必须以全新的概念来思考它。我们非常幸运，因为我们有机会首次搬演新颖的概念，这种情境让我们体会到希腊人曾感受到的快乐。希腊人是最先发现科学思想和理论的人，他们发现了可以让心灵与事物接触的特殊方式，通过这种精巧的方式，心灵可以根据事物来形塑自己，借此产生精确的概念。在那之前，希腊人并没有任何科学背景，没有任何既存概念，也没有必须视为神圣不可侵犯的专业术语。他们所拥有的，就是眼前发现的事物和众人使用的普通语言，那是"每个人用来与邻人交谈的主要语言"，突然间，这些大家习以为常的日常用语，竟然被用来巧妙且精确地形容那出现在他们眼前的最重要之实在。谦逊的文字升华了；粗鄙的日常语言摇身一变，成为高尚的专业用语，就像一匹承载了许多高贵概念的骄傲骏马。发现新世界时，人们需要的语言成了幸运儿。然而，由于我们承袭着长远的过去，我们似乎注定只能继续运用科学留传下来的用语，这些词汇是如此严肃不可动摇，长久地敬重它们已让我们失却所有信心。

科学概念就像五旬节（Pentecost）[1]，以火焰般的壮丽姿态照亮最不起眼的语言文字，当时的希腊人一定非常快乐。试想孩童第一次听到"直角三角形之斜边"这个坚硬、死板并且冰冷如金属般的字眼时的感受！然而，在某个美好的一天中，希腊海边某些毕达哥拉斯学派的聪明音乐家发现，竖琴的最长弦和最短弦之比例竟然与两弦发出的音

---

[1] 亦称"圣灵降临节"，基督教纪念"耶稣门徒领受圣灵"的节日，在每年复活节的第五十天。

高比例吻合。竖琴是三角形状的琴，其最外侧的弦，也就是延伸最长的弦，就是直角三角形的斜边。今天，有谁能够在这个糟糕的字眼中感受到它面具下那种美好且单纯的意义？有谁能因这"最长的弦"而想起德彪西的华尔兹舞曲《比缓慢更慢》（*La Plus Que Lente*）呢？

生活就是在世界中发现自我

现在，我们也处在同样的情境中。当我们希望完整表达"生活"的概念与范畴时，我们必须深入最简单的词汇之中。我们会惊讶原来一个没有特殊意义、不曾有过科学关联的日常词汇，竟然也可以因为科学的光辉而转变成专业词汇。这是幸运降临在我们身上的另一个象征，我们以焕然一新的姿态到达了不受破坏的海岸。

不过，在这个海岸外，还潜藏着一个文字所无法形容的深渊，而"生活"这个词只能够帮助我们靠近它。到达那里之后，即使我们知道这是危险可怕的深渊，我们也必须鼓起勇气走进去。在那深渊中，我们会发现一些对我们有所帮助的裂缝，它们那纯粹且不可测量的深度可以帮助我们回到存在的表面，也可以恢复我们的活力，让我们变得更加强壮且明智。有一些基本事实需要不时重新检验，因为它们的深奥常常会让我们迷失。耶稣说得好："只有迷失者才能寻获自我。"如果你们愿意专注地跟着我，我们将会暂时迷失自我，深深潜入我们自身的存在，唯有如此，我们才能够像科罗曼德尔（Coromandel）的渔夫一样咬着珍珠从海底归来，并且面带微笑。

我们的生活是什么？我的生活是什么？如果我们想要以生物学上的定义（像是细胞、身体功能、消化及神经系统等）来回答这个问题，那就太过天真而且也不恰当。这些生物现象都是具有稳固基础的假设性实在，它们都是根据生物科学建构起来的，然而，生物学只是我生活中的一种活动而已，它只是一种我对生物现象的研习或研究。我的生活并不只是细胞中发生的变化，就像我的生活也不只是我在夜晚所见到的微小灿烂的繁星。我的身体只是我在自身中发现的世界的一小部分而已，虽然对我而言这一小部分在各方面都极度重要，但它终究只是我所发现的世界的其中一部分。无论生物学告诉我多少有关身体组织的运作方式，无论心理学告诉我多少有关心灵的本质，它们都只代表某种次要的特性，这些次要特性的背后其实预设了一个事实，那就是"我活着"，并且在生活的过程中体验、看见、分析并研究身体与心灵。因此，上述那种生物学式的回答并没有触碰到我们想要定义的基本实在。

那到底什么是生活呢？我们不用远求，也不必回想其他人说过的智能言语。基本的真理一定唾手可得，因为只有近在咫尺的真理才是基本真理。那些需要寻找后才能得到的真理，只称得上是个人的真理、局部的真理、褊狭的真理或者孤立的真理，而不是基本的真理。生活就是我们的本质，就是我们的所作所为，因此，生活就是由我们每个人周遭的所有事物构成。只要我们伸出手，它就会如温驯的小鸟般让我们握于掌间。

在你们来这里之前，如果有人问你们要去哪里，你们会回答："我们要去听哲学演讲。"现在你们已经到了这里，而且正在听我演讲。虽然这并不是重要的事，但是它在此时此刻是构成你生命的东西。很抱歉，我不得不告诉你一个事实：你的生命就是由这些不重要的东西所构成。如果我们诚实以对，我们就会承认人生中绝大部分都是由这类无关紧要的东西构成，我们熙来攘往、做这做那，我们思考，我们想要这样或不想要那样……有时候，我们的生命似乎会出现一些突如其来的张力，它们会以极度紧绷的方式汇集而来，例如当我们面对庞大的悲伤情绪，或受到某种巨大的欲望拉扯，此时我们也会认为自己正面临某种重要的事情。但是请注意，当我们从生活的角度来看待它们，各种不同的高低起伏（无论它们是否重要）其实都是一样的，因为这些危急、狂乱的时刻和那些琐碎的时光一样，都只是生活中的片刻罢了。

当我们寻求生命的纯粹本质，我们第一眼看到的，就是生命中许许多多的活动与事件，这些活动与事件不断点缀我们的生命，让我们的生命更丰富。

我们所用的方法，就是——指出生命的属性，从最外在的属性开始，一直到潜藏于我们内心最深处的东西，通过这种方式，我们将从生命的外围回溯到其不断悸动的核心。接着，我们将发现一连串内移的生命定义，在每个新定义中，我们都可以见到其先前的定义，而且每个新定义都将会让前一个定义显得更重要与深刻。

最初定义就是：生活就是我们所做的事，以及发生在我们身上的事，从思考、做梦或是情绪波动，一直到玩股票或是在战场上争胜。然而，如果我们没有认识到这些事情其实是我们的生活，那么这一切就不会是我们的生活。这就是我们发现的第一个关键属性：生活是种奇妙、独特与神奇的实在，它具有"为自己存在"（existing for itself）的特权。所有的生活都是某人自己的生活，感觉自己活着、知道自己存在，这里所谓的"知道"指的并不是智性上的知识或特殊的智能，而是指每个人的生活在各人面前奇妙地展现。如果缺少这种认识、没有这种自我认知，那么就算是牙疼也不会让我们感受到痛楚。

石头不会感觉自己是石头，也不会知道自己是石头；石头对于自身，正如对其他东西一样，都是完全盲目且一无所知的。相反，生活是种当下的启示，是对单纯存在的不满（直到一个人能够看见或了解自己是什么为止），这是探索的过程，一种对自身的理解。生活就是不断发现我们自身及我们所处的世界。现在，我们要解释为何当我们说到"我们的生活"，我们会用那个奇妙的所有格；生活是"我们的"，因为它除了属于我们，我们还清楚地认知"它属于我们"这项事实，并且认知到它是这种或那种生活。当我们感知到自己，我们便拥有自己，这种发现自己的过程就是掌握自己，无论我们做了什么，无论我们到底是什么，都会呈现出这种基本且永恒的存在，而这也正是生活得以与众不同之处。伟大的科学和广博的知识，都只不过是在利用、详述及汇整那已然包含于生活中的基本启示罢了。

现在就让我们引用埃及神话中的故事，帮助我们记住这个观念吧，在这个故事中，奥西里斯[1]死了，他所爱的伊

---

1. 奥西里斯（Osiris）为古埃及神话中的冥界之王。

西斯[1]为了让他复活,便让他吞下鹰神荷鲁斯[2]的眼睛。从那时候开始,鹰神的眼睛就出现在所有古埃及文明的宗教绘画中,它代表生活的第一个属性,也就是"察觉自己"。这个传遍整个地中海地区甚至影响东方世界的鹰神之眼,被其他宗教当成是上帝的主要属性;"察觉自己"就是生活的首要属性。

这种察觉自己、认知自己,这种将生活呈现在我面前,让我得以掌握它,使它变成"我的"生活,正是疯狂的人所缺乏的。狂人的生活不属于他自己;严格来说,狂人的生活根本不能算是生活。要了解狂人是世界上最麻烦的事,因为生活的外貌虽然展现在他身上,然而一切都只是面具、假象,在面具背后,生活根本不存在。当我们面对一个疯狂的人,感觉就好像对着一个面具;疯狂的人就是这个面具,他也只有这个面具。疯狂的人不能意识到自己,因此他不属于自己,他被剥夺了,所以"剥夺""无法掌握自己"就是古代用来描写疯狂的人所用的词汇,另外还有诸如"心不在焉""不正常""发狂""精神错乱""丧失自我""中邪了"等,也就是说,他宛如受到别人的控制。

---

1. 伊西斯(Isis)为古埃及神话中掌管生命与健康的女神。
2. 荷鲁斯(Horus),在古埃及神话中,伊希斯为奥西里斯和伊西斯之子,是王权的守护者。

我们可以说，先有生活，后有哲思活动，正如你们所见，从严格的意义上来说，这就是我整个哲学的基本原则。不过当我们这样说时，一定要再强调一个重点：生活的根源与重心是认识和了解自己，是观察自己与周围环境，是在自觉。因此，当我们提出"我们的生活是什么"时可以这样回答："生活当然就是我们的所作所为啊！因为生活就是对自己的作为有所认知；简单地说，生活就是发现自己存在在这世界上，发现自己正在从事世间的各种事情。"

在新的哲学中，"发现自己""世界""从事"这些常见的字眼已成为专门的词汇。我们可以花很多时间讨论这些词汇，但我只想说"生活就是在世界中发现自我"，这个定义和我在演讲中提出的所有主要观念一样，都出现在我出版的其他作品中。对我来说，提出这点很重要，特别是关于"存在"的概念，我认为这个概念是我意识形态中最优先、最重要的部分。基于这个理由，我乐于承认，深入分析生活的人是德国哲学家海德格尔。

生活就是决定自己的未来

现在，我们要让自己的观察力变得更加敏锐，我们正面临一条更危险的海岸线。

生活就是在世界中发现自我。在海德格尔最近的作品中，他要我们注意这些词汇代表的重大意义。所谓在世界中发现自己，指的并不是在广大的空间或我们所称的"世界"里，发现自己的身体存在于其他具体事物中。如果只是如此，生活的过程将不存在，因为在那种情况下，物体会四处流动，并且彼此碰撞、分离，宛如原子或台球桌上的台球，这些物体彼此互不相识也互不关心。我们生活的这个世界，是由许多令人愉快和不愉快的事物所组成，是由许多恶与善构成，是由许多可亲的和危险的东西组成；不过，真正的重点不在于这些东西是否为物体，而在于它们影响我们、吸引我们、抚慰我们、威胁我们和折磨我们。本来，我们所谓的物体只是某种反抗、阻碍我们或是支持和维护我们的东西；也就是说，它们只是一种有利或不利于我们的东西而已。从严格的意义上来看，世界就是那影响我们的东西，而所谓生活，就是每个人都发现自己处在有许多问题在影响我们的领域中。在这种情况下，尽管我们不知道这些影响如何发生，但是我们的生活在发现世界的同时，也发现自己。无论是物体还是生物，如果它们不是处于充满其他事物的世界之中，它们将毫无生活可言。所谓"生活"就是感知到事物与地方，喜爱它们或憎恶他们，渴望它们或害怕它们。整个生活就是自己忙着与非我的事物接触，整个生活就是和自己周围的一切生活在一起。

因此，我们的生活不是只限于我们自己，我们的世界也是生活的一部分，我们的生活就是忙着接触其他事物，很明显，我们的生活乃是取决于我们自己及我们的世界。所以我们能够将"我们的生活"想象成结合了世界与自我的弧，但是在世界和自我之间，没有优先级之分，两者之中没有任何一个先于另一个，它们同时产生。此外，两者之中也没有哪一个比较接近我们，我们并非先考虑自己而后才考虑四周环境，生活是发现自己面对着这个世界、处于世界之中，生活是发现自己落入世界的单调乏味、陷于世界的诸多问题、掉进种种令人不愉快的纷扰之中。反过来说，由于世界只由那些影响我们的东西组成，因此世界也无法和我们分开。我们一生下来就与世界紧紧相系，我们与世界的紧密程度正如古希腊罗马那些生在一起、活在一起的众神一样，例如，宙斯的孪生子，两个同生同长的神。

现在，我们生活在这里，我们发现自己处于世界的某个角落，而且我们觉得来到这里是出于自己的自由意志。然而，虽然我们在这个世界中的生活具有种种可能性，但是事实上，我们无法自由地活在这个世界里或不活在这个世界里。我们虽然可以舍弃生命，但是只要想继续活下去，我们就不能选择自己生活的世界。正因如此，生活才有精彩的一面。生活不像饭后随意选择一家戏院看戏,你无法根据个人喜好事先选好生活的地方;生活是在莫名间发现自己落入无法改变的世界,突然发现自己陷入当下的世界。我们的生活始于一连串令人惊异的存在,没有经过自己的事先同意,我们就淹没在既非自己建造也非自己想过的世界中。我们的生活不是我们自己给予的,就在我们发现自己时,我们也发现了生活。若是带任何在睡梦中的人去到戏院包厢里,他突然醒来看见舞台灯光与台下观众,一定会为眼前的明亮景象所震撼。当他惊觉自己身处于戏院中,他会想到什么?他既不知道自己如何来到这里,也不知道为何在这里,只发现自己陷入了令人不安的情境;这是他从未期望、毫无预料,也从不曾准备要面对的公开场合,而且他还必须在这个困境中安慰自己以求举止合宜。从根本上来看,生活总是意料之外的。在我们踏上人生的舞台——那个始终具体且明确的舞台之前,没有人能预示我们的出现,没有人能为我们事先做好准备。

这种突如其来且无法预期的特点正是生活的基本属性。如果我们能够在踏上人生舞台前预先做好准备,那么情况可能就完全不同了。

诗人但丁曾说:"先见之箭,来之不疾。"不过生活可不是弓箭;整个生活及其中的每分每秒,比较像是近距离击发的枪弹。

我想，这个比喻十分清楚地描绘出了生活的本质。生活是加诸我们身上的，更确切地说，它是抛向我们的，或者说，我们被抛入了生活，但是加诸我们身上的到底是什么？生活到底是什么？这就是我们必须为自己解开的问题。这个问题不只彰显在那些充满不幸与矛盾的困境之中，它也同时出现于其他各种情况里。当你来到这里，你就必须下定决心解决它，必须决心以这种方式活在当下。或者换个方式说，当我们活着，我们就宛如站在高悬于半空中的绳索上，我们身上背负着生命的重担，而绳索之下就是世界的十字路口。这种情况下，我们不会预先判断自己的存在究竟是快乐的还是悲哀的，不论快乐或悲哀，存在都是来自一种永无止境的需求，一种必须解决生活中各种问题的需求。

如果射击出去的子弹拥有灵魂，它会感觉到自己的去向早已被弹药和枪支的撞针决定，如果这道轨迹就是子弹的生命历程，它会觉得自己只是一个旁观者，完全无法干预自己的人生；这颗子弹既非自我击发，也无法选择它的去向。正因如此，这种存在不能称作生命。我们不会觉得生命是预定的过程。即便我们十分确定明天会发生什么事，我们还是认为这只是一个可能性。这是我们人生的另一个基本且戏剧性的特质。因为这个特质，我们的生活总是一个有待解决的问题，无论问题大小，我们都无法置之度外。任何时刻，我们都会发现自己被迫在诸多可能性中抉择，如果说我们不能选择自己要活在什么样的世界中（这是生命注定好的一面），我们至少可以发现自己活在某个充满种种可能性的范围里，而这就是生命中自由的面向；生命既是自由中的定命，也是定命中的自由。这能不教人惊叹吗？

我们被抛进自己的生活中，同时也必须为自己建构生活。或者换个方式来说，我们的生活就是我们的存在本质。我们就是生活展现出来的样貌，除此之外别无其他，但是这个本质既不是事先确立的，也不是预先决定的，这个本质必须由我们自己决定，我们必须决定自己的未来，例如说，当我们准备好走出戏院，我们想要变成什么样的人，我称它为"凭借自己的力量，确立自己的存在"。我们所说的生命与生物学上的生命并不相同，因为它既不因睡眠而静止，也不因睡眠而中断。虽然我们在休眠时并没有作为，但是醒来之后，会发现梦中转瞬即逝的回忆仍然充实了我们的生活。

那些古老且原始的比喻，其准确程度可以说和牛顿定律不相上下。这些珍贵的比喻如今已变成语言的一部分，我们生活在这些比喻之中，宛如漫步在曾经布满活珊瑚的岛屿上，我要再次强调，在这些比喻中，我们能见到那些最根本的生命现象如何通过直觉完美表达出来，例如我们常说"我们生活在沉重的负担下"，又说自己处于"重大的情况"中。这些话语中的"负担"与"重大"正是由物质的重量比喻而来，因为承担其他人加于我们身上的力而造成精神上的烦恼。而事实上，生活也确实重压着我们，因为生活就是一种自我背负、自我支持和自我引导。然而，一成不变的习惯却让我们不再敏锐，我们也因此忘却了那些已然成为我们生命一部分的经常性压力；而当不常见的问题出现时，我们才会再次感受到那个重担。当一个星体受到另一个星体的吸引时，并不会在自己身上增加负担，然而，生命的存在却是一个重担，不过它同时也是一股支持的力量。在西班牙语中，"喜悦"这个词很接近"转瞬而去"，也就是摆脱负荷的意思。当背负沉重负荷的人到小酒馆中寻找欢乐，他那些严肃的想法便会离他而去，而他人生中的一切不幸也有如飞船般轻快地飞上天空。

历经这么多的讨论之后，我们可以说：在这个纵向的旅程中，在这个有关我们生活与存在的深刻历程中，我们已经踏出了明显的步伐。对此刻的我们而言，生活就是感受自己被迫做出决定的过程。我们一开始曾说过：生活就是我们的所作所为,日常行为和世间万物结合起来就是生活;但我们并不会满意这种说法,因为我们知道,我们的一切行为、所做的事情都不是自动产生的。但我们并非机械式地做出这些举动,我们也不是留声机播放出来的录制歌曲,我们的一举一动都取决于我们自己;这个决定的过程才是生命中真正活着的部分,至于那些"执行"的部分则大多只是机械式的举动而已。

我要告诉你们一个基本事实。我们曾说过:生活就是无时无刻不在决定自己要做什么的过程。你们发现这句话包含的巨大矛盾了吗?所谓的生活,竟然不是取决于它是什么,而是取决于它将要成为什么,也就是取决于它尚未变成的东西!这个根本的、深刻的矛盾就是我们的生活。这不是我的错,从严肃的真理层面说来,这就是生活的原貌。

现在,你们当中或许有些人在想:"原来这就是生活,生活就是决定自己的未来!但是我们已经在这里听他演讲了一段时间,在这段时间里我们一直没有说任何的话,然而,我们当然一直在活着!"对于这种想法,我要说:"各位朋友,这段时间你们都在这里听讲,与此同时,你们也在不断决定自己要成为哪一种人。这是你们人生中许多重要时刻之一,但相对来说它是被动的,因为你们只是听讲的人。但是这种情况符合我对生活的定义,证据在于,当你们听我演讲，有些人一定不止一次想过到底是随便听听就好，还是要继续留意我说的每句话。这时候，你们已经决定了生活的历程，专心听讲或分心他用，思考这个题目或别的题目，而这种对生活或是其他东西的思考，就是你们此刻的生活情况。同样的情况也可以用在那些不曾犹豫、一直专心听讲的人身上。他们要时时刻刻坚定自己的决心，让这种决心持续下去，如此他们才能够保持专注。即便是最坚定的决心也必须不断加以确定，就像枪支的火药会因缺乏使用而失效，必须重新装填才能维持功用；简单地说，就是要重新建立决心。当你们来到这里，你们已经决定自己要成为什么样的人，你们将成为听众；一旦身处此地，你们必须一再做出决定，否则你们将渐渐脱离演说者的掌控。"

现在，让我们来收取这一切为我们带来的结果：如果生活是决定自己要成为什么样的人，这就表示，在我们生活根基上，有一种时间属性。"决定自己要成为什么样的人"意味着考虑未来，当我们这样做，便会拥有丰硕的发现，我们会发现生活就是不断触碰未来。这其实又是另一个矛盾之处，因为这说明在生命历程中，首先出现的既不是现在也不是过去。生活是与未来有关的执行活动；换言之，相对于未来，现在与过去都是随后才出现的。生活是即将出现的未来，是那尚未成为过去的东西。

第十一章

　　每次当我提到我们不得不超越古典与现代的边界时，我总是会加上一句话：唯有保存它们，我们才有可能超越它们。从本质上来说，精神不但是最残酷的，同时也是最温柔、最宽厚的。为了生存，精神必须通过谋杀自己的过去来否定过去。但是，若真的想要否定过去，精神就必须得让那被杀死的过去重新复活，并让过去持续存在在心中。如果彻底扼杀过去，它就无法被否定，换言之，只有否定过去后，才有可能取代过去。如果我们没有重新反思笛卡儿的思想，如果笛卡儿没有重新反思亚里士多德的思想，我们的思想就成了原创的思想，不会是承接过去的子孙，而我们也就得回头重新开始。所谓的超越，就是继承并增添过去。

　　当我说我们需要新的概念，我指的是在既有概念上必须增添的一切，换句话说，过去的概念必须延续，但它们将成为次要的概念。如果我们发现一种比过去之存在方式更为基本的崭新的存在方式，很明显，我们就必须发展出前所未有的存在概念，但这种新概念也必须能同时解释旧的存在方式，它必须展现出过去那种存在方式中所包含的一些真理。因此，几天前我们提到了（因为时间的关系，我们仅仅做了一点提示而已）"宇宙万物之物质存在"（cosmic being）及"具有实体之自我"这类旧概念，并谈到它们如何对还没有发现意识的基本实在具有价值,稍后，我们也将展示在没有生命作为先前实在的情况下，"主观存在"的概念如何成为有效的概念。

基本的实在就是我们的生活

好了，我们现在知道，古典与现代两者都在哲学的名义下追求与宇宙（或所有的存在）有关的知识。但它们两者却在起步时，也就是寻找什么是宇宙最初真理的时候，就已分道扬镳。古人的起点乃是寻找最根本的实在，因为他们认为那最根本的实在就是宇宙结构中最重要的实在。如果是依据有神论，那么解释其他一切存在的最重要实在就是上帝；如果是唯物论，那么最重要的实在就是物质；

如果是泛神论,那最重要的实在就变成了一种无区别的存在体,既是上帝又是物质。相较之下,现代人则先暂时停下这种搜寻,他们问道:"这些实在的确有可能是宇宙中最重要的实在,但是,即使我们证实了这一点,仍然无法更进一步,因为我们忘了质问一件事,就是那可以解释其他一切存在的实在是否是种完全明显确切的实在?此外,那些被解释的其他存在又是否真的是毫无疑问的实在?"

哲学的首要问题,不在于寻找宇宙中最重要的实在,而在于寻找最真确、最毋庸置疑的实在,即使它有可能是最不重要、最不起眼且最无足轻重的。简而言之,哲学的根本问题是要决定什么是宇宙中的根本予料。古人从来不曾正式探索过这个问题,因此,无论他们处理其他问题的技巧有多熟稔,它们的层级都还是低于现代人的层级。所以我们要将自己定位在这个层级之上,并专心与现代人辩论什么是根本且不可怀疑的实在。我们发现,不可怀疑的根本实在并不是主体或者意识,而是那同时涵括了主体与世界的生命。这种认知方式让我们摆脱了唯心主义的纠缠,并且迈入新的层次。

但是大家请注意,我们实行的这种方式并没有脱离哲学的首要问题,事实上,我们完全专注在那最初的宇宙的予料上。如果我们相信宇宙的予料就是我们的生命,也就是说，如果我们相信整个宇宙中我们能直接经验的就只是自己的生命，那我们就不该质疑是否还有其他我们无法直接经验到，但更为重要的实在。关于"什么是宇宙予料或不可怀疑之事物"这个问题，它本身并不是哲学，它只是进入哲学的门槛，只是哲学的前言与序曲。我要提醒大家，这是我在一开始就说过的话。

我不知道你们是否注意到，这项主张产生了非常基础的结果，严格来说，它几乎基础到我不应该说出来的地步。然而，我觉得我还是应该再强调一次。这个结果就是："如果我们承认，那唯一不可怀疑的实在就是我们刚刚定义的那种实在，那么我们做出的任何其他主张都不能与该基本事实属性有所矛盾。"因为，其他一切不同于那初始实在的事物都是可怀疑的、次要的，唯有当它们奠基在不可怀疑的实在上，才会稳固。

举例来说，假设有某个人采用现代的原则当作立论基础，并主张唯一不可怀疑之事物就只有思想之存在，那么，根据这项主张，我们可以说他是站在现代性的基准上。但是，他又接着说："当然了，除了思想，还有物质存在，也就是物理学家知道的物质，由原子组成并受到某些定律规范的物质。"我必须说，如果"除了……还有……"这几个字就能表示物理学的内容与主观原则仍然成立，那么只能称之为荒谬。主观原则告诉我们，不可怀疑的实在乃是非物质的，因此，物理法则对此毫无置喙的余地（物理学和其他的学科一样，都只是在探讨次要的类实在）。不过主观原则并没有否定物理定律，它只是贬抑物理定律的效力，成为一种只能处理次等现象的力，这些次等的现象一点都称不上基本。和唯心主义哲学家一样，那些带有唯心主义色彩的物理学家（也就是现代的物理学家）必须面对并解释一个疑问：如果非物质的思想是唯一不可怀疑的实在，那他们该怎么合理谈论物质之真理？不过无论他们怎么想，他们都没办法让物理学反过来影响那不可怀疑之实在的定义。

这是一个不可撼动的定义，根据此定义为出发点而衍生的实在，以及其后的说法也无法撼动。我认为应该强调这项基本的事物，这种做法不会不恰当。

这个新的事实、新的实在，就是"我们的生活"，就是我们每个人的生活。如果有任何人想要谈论其他更不可怀疑、更基本的实在，那绝对是不可能的任务。即使是思想也不是先于生命的活动，因为我的思想乃是我生活的一部分，乃是我生命中的特殊活动。这种"寻找不可怀疑之实在"的活动，是因为我活着或至少是在我生活的范围内才可能发生的活动，换句话说，它不可能独立于我的生命之外。我寻找实在，是因为我努力进行哲思，而寻找实在也是我的第一项哲学活动。同时，哲学活动乃是特殊的生活形式，它预设生活的存在，因为我之所以从事哲学活动，是因为我好奇宇宙的本质，而该好奇心则是来自我在生活中感受到的欲望，一种总是指向自我的欲望，而且也可能是总是迷失在自我之中的欲望。总而言之，无论我们认为哪种实在是最基本的实在，我们都会发现它预设生活是种存在之事实。这种预设生活之存在的活动，其本身就是一种重要的生活活动，它就是"生活"本身。

大家或许会对此感到讶异：唯一不可怀疑之实在竟然是"生活"而不是思想，例如唯心主义者所谓的"思维"（cogito）（这个概念在过去也曾令人惊讶）、亚里士多德说的"形式"，或是柏拉图的"形相"，这些都是当时各个时代中令人头痛的悖论。但我们又能如何呢？毕竟事实本来就是如此。

如果事实本是如此，那么我们就只能将新的基本实在之种种属性设定为事物的基础，即使它们可能彰显出先前各种理论和科学思想的错误，我们也必须接受它们、承认它们的真确性。哲学的系统架构下，我们必须解释：当我们以生命活动作为出发点，如何能保有原来关于生活的概念？我们又该如何面对有机的物体、各种道德与物理定律，甚至是神学？不过，我并没有说宇宙中除了我们不可怀疑的生活，也就是我们能直接体验的生活之外，不存在"其他的生活"。但我们可以确定，当我们以科学的角度看待"其他的生活"时，它和有机实在、物理实在一样值得怀疑，相较之下，唯有我们的生活，我们每个人自己的生活才是真确且不可怀疑的。

生活的范畴

先前我们曾因为讨论上的需要，仓促定义生命。你们或许会认为我们讨论的事物非常平凡，并且对此感到困惑。但它之所以看似平凡，乃是因为它显而易见，而显而易见的事实正是我们追求的对象。生活并不神秘，恰恰相反，生活是最清晰且最明显可见的一种存在。然而正由于它如此纯粹清澈，我们反而不容易仔细审视它，因为我们的视线会穿透它，并落在仍不真确的事物上，我们必须花费一番力气，才能让视线停留在这些直接且真确的证据上。

显然，生活就是在世界中寻找自我。如果我突然发现孤独的自我，那么我虽然可以说我存在，但这种存在只是唯心主义式的主观存在。事实上，我发现的不应该是孤独的自我，因为当我仔细探索自我时，我会发现一个人，一个正在进行某些与自我无关活动的人，一个与许多相互联结并整合之事物共存的人；这些事物面对着我、构成我的周围环境，它们宛如笼罩一切的整体世界，而我存在其中。我并不是被动地存在其中，我既不孤独也不懒惰，相反，我因世界对我形成的压力而喜悦激动。

当我发现自我，我也发现我面对的世界，发现环绕自我的世界，世界为我而存在，同时也影响我。世界和所谓的"自然"不同，它不是古人熟知的物质宇宙，对古人来说，宇宙是可以单独存在的基本实在，主体或许可以认知到它其中的部分，但它也拥有一些永不可知的神秘性。相较之下，生命、生活之世界则一点都不神秘，因为它完全是由我观察到之事物构成，因为它完全就是我观察到的事物。我的生活就是我直接经验的事物，除此之外别无其他事物可以进入我的生命。简而言之，世界就是生活中经历的一切。假设我的世界是由许多纯粹的神秘事物构成，假设它们都是不可思议且难以理解的，就像某些美国电影的内容，好，即便是在这种情况下，我仍可以说"它们是神秘的，它们是谜一般的"这个事实对我而言是明显且真确的，这个事实让我对它产生神秘的、谜一般的感觉；因此我必须说，我所经历的这个世界对我而言乃是一个真确且不可怀疑之神秘，它很明显是由神秘构成，这一切就好像我说"世界是蓝色或黄色的"那般简单。

我们称为"我们的生活"的这种根本实在，具有因为自己而存在的基本属性，它也具有自我认识及清楚直接的特质。无论它还有什么其他特质，唯有当它拥有这项特质，我们才能说它是不可怀疑的，也唯有这项特质，才能让它成为根本的实在。

这种所谓的"找到自我""理解自我"及"直接清楚"，就是生活的第一类范畴。有些人可能不知道什么是范畴，但这并不是件丢脸的事。范畴虽然是哲学思想中的基本概念，不过不必因为不知晓某种基本概念而感到羞耻。我们每个人都可能不知道某些旁人熟知的基本事物。真正让人感到丢脸的并不是不知道（那其实是很正常的），而是不愿意知道；真正让人感到丢脸的，是当有机会可以知道却选择不寻求答案。无知本身不会导致人们拒绝寻求答案，唯有自以为知者才会如此。自认为自己知道，才是可耻的事。事实上无知却又自以为知者，会关上自己的心房，使真实的正见无法进入。他本身的愚昧想法，会自傲又顽固地自我捍卫，就好像是白蚁中那些头部硕大、光亮又坚硬的兵蚁，它们会忠贞地守卫在巢穴入口，以自己的头来阻挡一切想要进入洞口的外来事物。同样，那些自以为知者，也会用自己的脑袋封住原本可以让真理通过的心扉。

西班牙国内外任何一个曾从事积极且公开之理智思维活动的人，都会思索和比较这种现象；他们最后都不得不同意，这种封闭的心态乃是西班牙人固有且特有的恶习。这并不是偶然，西班牙人之所以封闭理智思想，是因为他们是灵魂上的隐士，这是更深层的封闭。此外，这种封闭的情形在西班牙女性身上更为严重。这是种残酷的指控，但我绝不是随口乱说。当言论与文字可以自由传播时，我将展开反对西班牙女性生活方式的运动。这不会是令人愉快的运动，它让我感受到巨大的痛苦。

　　我向来就不喜欢那些不断表示"应该"完成某些事情的人。我的人生中，很少从义务的角度看待自己的所作所为。我尽情地生活，而且一直这么做，这一切的背后动力并不是来自义务，而是来自我的梦想。稍后我也会提出一些不同于传统伦理学的伦理法则，在我的伦理法则中，道德的主要观念乃是在于梦想，而不是义务。义务固然重要，但它是次要的，它只是梦想的替代品。有时候我们无法以梦想完成某些事物，但我们至少必须通过责任感来完成它。

　　关于这项西班牙女性生活方式的改革运动，我必须说它实在太过严酷，它不是梦想，恰恰相反，它是种牺牲。经过多年的沉思，我相信它是一项义务。在我们西班牙式的生活中，许多事物都需要根本改革，其中最有必要接受彻底改变的，就是女性的灵魂。有些人和我一样，相信女性对历史的影响远大于一般人的想象和猜测，而且我们也相信，女性可以持续不断地以各种极度细腻的方式来影响历史，在我们看来，许多原因不明的重大缺陷都是源自西班牙女性的不当生活态度。虽然这项改革运动充满困难与危险，而且我也预见它将带来许多痛苦的后果，但我仍觉得必须担起这项义务。

如你所见，我已完全脱离制式的刻板印象。我几乎不是殷勤的，我们必须放下殷勤，必须克服那股由殷勤、现代性和唯心主义构成的氛围，我们必须向前迈进、对女性展现热情，尽管这将无比艰辛、费力而且激烈。从今日的角度来看，19世纪90年代那种对女性充满卑躬与恭谨的绅士态度已非常不合时宜。现代的年轻女士已不再习惯于接受这种殷勤，30年前那种全身都充满男子气概的态度，在今日看起来反而有些娘娘腔。

不过，还是让我们回到与"范畴"有关的主题上来。我之前说过，你们有些人并不知道也没有理由需要知道什么叫作"范畴"。我现在要告诉大家，"范畴"的概念非常简单。举例来说，尽管马和星星的组成成分与元素非常不同，但不论差距多大，它们都有一个共同点，就是两者皆为具有实体之物。马和星星都是真实的物，它们都占有空间、存在于时间之中，它们在移动的过程中会有所改变，而且当它们与其他物体相碰撞也会造成对方的改变。此外，它们也都具有颜色、形状、密度等物理性质。因此，我们可以在它们两者的众多不同点中，找到少数的相同元素与特性，那就是真实存在、占有时空、具有物理性质、可以运动与变化。任何具有实体的事物，都会和它们一样具有这些条件与特性，换言之，它们都拥有实体存在物的基本架构。这些就是亚里士多德所谓的"范畴"，也就是每个实存之物因其实际存在而拥有的特性，这些特性与那些因物而异的物理性质完全不同。

相较之下，我们发现的实在，也就是"生命活动"，则迥异于古人所谓的物质存在。我们发现的实在乃是由一些范畴或要素组成，这些范畴或要素都具有同样的重要性、原创性，而且彼此密不可分。"我们的生活"具有的这些"范畴"，正是我们追寻的事物。我们的生活，指的就是"我们每个人"的生活，在此意义下，我的生活虽然不同于你的生活，但它们都是"我的生活"；换言之，我的生活与你的生活具有某些相同的组成元素，那就是"我的生活"具有的范畴。这种实在与过去哲学所说的"存在"之间有着极大差异，过去哲学说的"存在"指的是一种普遍的状态，而不是一种个体的特性，例如亚里士多德所谓的"范畴"是指普遍事物共同拥有的范畴，但是，"我的生活"并非如此。当我们使用"我的生活"这个概念指我的或是任何人的生活，它必然涉及某个独立的个体。因此，我们发现一种非常罕见的概念，这是一种"普遍"而又"个别"的概念。直至今日，逻辑一直忽视这种看似矛盾的概念。黑格尔曾试图寻找这种概念，但他没有成功。他所谓的"具体的普遍"（concrete universal）虽然具有普遍性，却不具有真实且基本的具体性，也就是说，它并不涉及独立的个体。可惜我现在无法探讨这个题目，让我们暂时放下并继续前进吧。

"我们的生活"的首要范畴就是"找寻自己""理解自己""明白一切"，除此之外，我要再次提醒大家，这里的主体不只是自我，还包括了世界。在这个过程中，我考虑的是处于世界之中的自我，是自我及世界，换言之，就是"我在生活"。

毕竟，"寻找自我"就是发现我正在世界中进行某些活动。所谓的"我"，就是自我与世界事物的互动，而"世界"则是由那些我在与之互动的事物构成，除此之外别无其他。进行活动，指的就是做某些事，例如思考。思考是一种生活过程，因为它让自我与事物产生互动，它让自我思索事物。思考是一种创造，比如创造真理和创造哲学。当自己专心进行某些活动时，它可以是创造哲学、发动革命、制作香烟、创建基础、制造时机等，这就是处于生命之中的我的本质。

理论的生活

至于那些事物又是什么呢？在这种基本观点与思考模式之下，当我说这些事物是我经历的对象，它们到底是什么？我是那个创造者，我在思想、奔跑、反抗或希冀，但那创造的事物又是什么呢？

奇特之处在于：创造的事物也是我生活的一部分。当我等待，完成的就是"我在等待"这项活动；我制作香烟，实际上完成的并不是香烟本身，而是"我在卷烟草"这项活动。除却我的活动，香烟本身并没有任何根本的存在地位可言，我们之所以认为它存在，完全是因为受到古人的错误观念影响。该香烟是我在制作它的过程中操弄的对象，当我结束制作活动、当我制作的对象不再是我制作的对象，该香烟就转化成另一个活动的对象，它变成了某个人点燃吸食的对象。它真正的存在状态，转化成我的活动对象。离开我对它的经验与互动，它就失去了自己的存在地位。它是种功能性的存在，即它的存在有助于我的生活，它是为了某某功能而生的存在，它是目的导向的存在，有了它，

第十一章

我才能进行某些活动。然而，当我谈论这种存在时，我依然可以采取传统哲学的方式，可以将这种存在视为独立于我的生活、独立于我对它的操弄而存在的事物，换言之，我可以采用古人对"存在"的定义。这样做的结果非常明显：当我抽离某事物的根本存在，也就是抽离那平凡的、可供使用的、人们在生活中经历着的存在本质，我将发现，该事物并不会因为我停止与它互动而消失，相反，它仍然独立存在于我的生活之外,似乎期待着将来能够再为我所用。

然而，那个独立存在、与我的生活无关的事物之所以浮现，乃是因为我将它从我的生活中抽离出来，而"抽离"也是一种作为、一种创造、一种自我从事的活动，那是自认为自己没有在生活的想法、装作没从事某些活动的举动，那是一种"将事物抽离自我"的活动。因此，所谓"事物可以独立存在"，所谓"事物是具有物质实体的存在"，其实也只不过是因为我才得以存在；只有当我选择从生活中抽离它们，只有当我假装我不需要在生活中经历它们，它们才可以获得如此的存在地位。这种伪装的态度（这里所谓的伪装，并没有虚伪或虚假的意思，它只是描述该心态特有的一种属性），这种预设自己没有在生活的假想，这种假设事物可以不因我的存在而存在并进而推论可能后果的做法,这种虚拟自己没有在生活的态度,正是所谓的"理论态度"（theoretic attitude）。

你们看到了吗？费希特一直都是正确的。严格来说，理论活动与哲思活动并不是生活，因为，它们乃是另一种形态的生活：它们是理论的生活和沉思的生活。理论和哲学（后者乃是一种极端理论）是生命为了超越自我而做出的尝试，这是一种自我放空，是"去除生活"（de-living），是停止对事物感兴趣。不过这种让自己不再对事物感兴趣的过程，并不是被动的过程，相反，它是另一种形式的投入。也就是说，即使我们切除某事物与我们内在生命的关联，即使我们让某事物不再进入我们的生命，并让该事物因此得以独立存在、寻获自己的真正本质，我们仍可以保持对该事物的兴趣。虽然表面上这是种不再对事物感兴趣的过程，但事实上它是一种对每个事物之内在自我感兴趣的过程，它赋予每个事物独立性与重要性，你甚至可以说它让事物产生了人格，这个过程让我们得以从事物本身的角度观看一切，而不只是从自我的角度。理论思考与哲学沉思，代表人们尝试转化与变动。不过，这一切，也就是切断我对事物的所有兴趣并只专注在事物自身中，寻找其绝对性，不再利用事物、不再希望事物能为我所用，转而以毫不偏颇的眼光看待它，并使它有机会可以看见自己、找到自己、成为独立的自己，且为了自己而存在：这一切，难道不正是爱吗？如此看来，理论思考与哲学沉思根本就是一种爱的行为，在这种爱（与欲求不同）的活动中，我们试着从对方的内心角度体验生命，我们为了其他事物而舍弃自我的生活。那古老且令人敬仰的柏拉图虽然没有得到我们认同，但他一直慷慨地鼓舞激励我们的这种否定态度,他滋养、启发并支持我们；也因此，我们终于在他那"知识之情感根源"的看法中体会到了截然不同的崭新感受。

我已粗略为大家介绍了这个看法，在这个过程中，我并没有仔细精简或分析我的措辞，我之所以不这么做，是因为我希望通过简短且未经加工的形式，让大家瞥见传统意义下的存在如何出现在这种新的哲学中；此外，如果时间充裕，你们或许也可以清楚地见到我们行经的思想道路。关于"哲学是什么"这个问题，我们会以前所未有的、从根本处出发的、由下而上的方式来回答。先前我们已定义了哲学的主旨，而且我们也循序推论直到我们触及所谓的"生活"；现在，我们终于到了真正要回答问题的时刻。哲学的主旨与学说（如同书中可见到的一些理论），只是哲学之真正本体的抽象表征，它只是哲学的沉淀物、哲学的垂死身躯，好比香烟的真正实体其实是抽烟者吸食的对象，哲学的本体也是哲学家创造的对象；换句话说，哲思乃是一种生活的形态。这就是我想和大家一起更深入探究的东西。这种身为某种生活形式的哲思，究竟是什么呢？我们已经大略看到，所谓哲思就是"去除生活"的过程、停止在生活中经历一切事物的过程、不再经验宇宙万物的过程，而这其实是种让自己可以反过来认识并承认宇宙的过程。可是，如果没有先仔细分析这些词汇，那我们就不可能赋予它们严格且有用的意义，我们的努力也将徒劳无功。让我们回想那个没有什么哲学书籍的古希腊时代，当柏拉图问"哲学是什么"，他们心中所想的就是人、哲学家及生活。对他们来说，哲思的首要本质，就是关于生活的理论。严格来说，他们拥有的第一套哲学书籍就是有关希腊七贤的生平传记。任何不定义哲学是哲思、不定义哲思是种根本生活形态的看法，都是不充分且不基本的看法。

不过，在我们下结论之前，我希望对"我们的生活"之定义再多说明一些。我们已经见到，所谓生活，就是发现自己正在从事某些活动，换言之，生活就是某种形式的作为或创造。而所有的作为，都是为了追求某些东西而进行某些活动的过程。这些活动或作为、这些表现自我的方式，都是源于某种我们俗称的目标，而我之所以追求某个目标，选择如此生活、选择如此存在，是因为我认为在所有可能的选择中，我的生活将因为这个选择而变得更好。

这里的每个词汇都是一个范畴，正因为如此，我们无法通过分析来穷尽其内容。然而，它们可以开展出我的真实生活（或是我的实际作为），也就是我能决定的生活。这也意味着，当我在创造我的生活时，必然会先有一个"决定要去创造生活"的过程、一个"决定自我之生活"的过程。我们的生活决定了本身，也预期本身。它不是赋予我们的现成事物，它并不像我先前提过的子弹弹道。我们的生活是种决定的过程，因为生活是在毫不封闭而且充满机会的世界中发现自我的过程。对我来说，这个生气蓬勃的世界的每一瞬间，都含有做各种事的可能性，而不是只能做某件特定的事。

从另一方面来说，这些可能性并非毫无限制，如果它们真是毫无限制，它们就只是不确定性的集合，而不会是具体的可能性；在完全不确定的世界中，所有的事情都有同样的可能性，我们也因此不可能做出任何决定。为了能做出决定，一定要先同时存在着空间与某些限制，一定要有些相对的确定性，而这些条件就是我所谓的"环境"（circumstances）。当生活发现自我时，它总是发现自己处在某些环境中、某种充满其他人与事物的环境中。我们生活的世界，并不是模糊不明的世界，从本质上来看，生命世界就是环境，就是此时此地这些与世界息息相关的人与事物。环境是种确定的东西，它是封闭的，却同时也是开放且具有内在自由的，它具有空隙让我们在其中移动并做出决定，环境就像是河谷中的河床，生命必然流动于其中并切割它。生活就是活在此时此地，虽然此时此地是独特的一个时空，不可与其他时空混淆，但每个此刻都是无比宽广丰富的。

命运与自由

所有的生活过程，都是在诸多可能性中持续不断决定的过程。这一切宛如繁星推移运行，但并不彼此强迫。生命是自由的，但同时也是命定的，这是种宿命中的自由。此宿命给予我们许多注定且无法改变的可能性，换言之，它给予我们许多不同的命运。我们接受这种命定，在其中决定并选择我们的某一命运。生命就是命运。

我希望你们之中没有人觉得有必要提醒我"决定论否定自由"这一说法。如果有人这么想，我只能对决定论与这些人感到遗憾。若要公正描述决定论，我必须说它是（或曾经是）一种关于宇宙之实在的理论。虽然它曾经代表一种确切的理论，但它也只不过是一种理论、一种诠释、一种明显有些问题而且必须证明的论点。因此，即使我过去曾经是决定论者，我仍然必须遏制这种理论，使它不能回头影响我们正在讨论的这种基本且无可怀疑的实在。无论决定论者认为世界多么具有决定性，他的生活相对来说是未决定的，毕竟，他曾经在某个时刻做出了该不该相信决定论的决定。因此，在此呈现这个问题，不是要解释什么是决定论，也不是要知道先于任何理论的最初实在。

此外，请大家不要忽略我刚刚说的事实：生命既是一种宿命，同时也是一种自由。生命代表着受到限制的可能性，虽然它受到限制，但它仍是一种可能性，它是开放的，我希望大家一定要注意我说的话。我不能推理它，也就是说，我不能证明它，而且也不必推理它，我甚至刻意避开所有的推理，刻意限制自己只能使用纯粹的概念来表达那显示在我面前的基本实在，每个理论、推论与证明都预设的基本实在。为了让大家不要产生令人感伤的看法，我只好在一开始就向大家宣告这项非常基础的观察。

现在，我要附带告诉大家，上述那种决定论已不复存在于今日的哲学与物理学之中。在一本数年前出版的书中可见有力佐证，这本书探讨物理学的逻辑，其作者是赫尔曼·外尔，他是爱因斯坦的后继者，也是当今最优秀的现代物理学家之一。他提道："综观这些讨论，我们可以判断今日的物理学，一半是物理学，一半是统计学，它的发展与那想要大胆辩护决定论的立场有何不同？"关于人们封闭保守的心态,他提到一种可能的原因,他认为当我们听闻某事,或是当我们面临某种非常基础的反对时,我们鲜少会想到同样的事或许也发生在说话者或作者身上,同样,我们也很少反省自己有没有真正了解对方表达的内容。如果我们无法这样思考,我们的水平就会低于我们聆听的对象,低于我们阅读的书籍。

总而言之,生活就是那矛盾的实在,就是我们对自己行为做出的决定,也因此,生活可以说是体现未来、开启未来。那些"具有生命的存在状态"与"宇宙物质式的存在状态"之不同点,在于前者的存在状态是从"那边"开始的,换言之,那是一种之后才会到来的状态。

在旧有的宇宙时间观念之下,这种状态不可能存在。旧有的宇宙时间观念只包含现在,因为未来尚未到来,过去已然消逝。在这种情况下,过去与未来如何可能继续成为时间的一部分呢?而这也正是时间概念困扰哲学家的原因。

"我们的生活"牢牢地设定在当下,但是,我当下的生命活动究竟是什么?我当下的生命活动并不是"说我正在说的话"这件事,也不是"掀动我的嘴唇";这些都只是机械式的动作,它们并不属于我的生活,只是宇宙物质般的存在。相较之下,我的生活乃是"思考我要说什么"的思想过程,这一刻,我正在预期未来,我正把我自己投射到未来之中。但是，为了表达出这一切，我必须使用某些方法，也就是使用语言或文字，而这个过程让我得以接触到我某一部分的过去。我的未来让我发现我的过去，通过这样的方式，我才能实现未来。在此刻，我的过去是真实的，因为我正重新经历它，而当我在过去中找到实现未来的方法时，我也才能真正发现我所存在的当下。这一切都发生在一瞬间，一刻又一刻的生活累积膨胀成具有三个向度的真正内在时间。未来将我抛回过去，过去则推我走向现在，而当下的我又再度走向那将把我抛回过去的未来……如此循环不已。

我们深系于当下的宇宙，它宛若大地般支撑着我们的双脚，让我们可以把头与身体伸向未来。文艺复兴初期的尼古拉斯说得很对：此时此刻包含了一切时间，它涵盖现在、过去与未来。

我们活在真实的当下，但当下并不是为了我们而存在。通过当下，就好像通过脚下的大地，我们才能活出紧随而至的未来。

你们要知道，大地上唯一无法让我们直接观察到的，就是我们脚下的那一块土地。

在我们看清楚环绕于四周的环境之前，我们本来只是一种欲求、想望与幻想。我们带着一整套偏爱与偏见来到世界上，我们与身旁的每个人都一样，大家的内心都充满许多喜恶，每个人都随时准备好表现出自己的爱与恨。我们的心，那台不停展现喜好与厌恶的机器，就是我们人格的支托。

不过，不要因此以为印象才是那个最初的事物。根据传统看法，人们之所以欲求某些事物，是因为他们已经事先见过该事物，当我们重建"人是什么"这样的观念时，最重要的就是纠正这种传统的看法。这种传统看法看似明显易懂，但它多半是错误的。那些渴望物质财富的人，并不会等到黄金现于眼前才开始追求它；他总是全心全意、不断在各处寻找可能出现的财富。相较之下，那些把"美"当成目标的艺术家则对这些财富视而不见，他们寻求的是事物中的优雅与美丽。

因此，必须彻底颠覆传统的信念。我们欲求某事物，并非因为我们已事先见过该事物；相反，我们追寻该事物，是因为我们打从内心深处就喜欢它。各种不断传进耳朵的声音中，我们只会听见受到我们注意的声音；换言之，只有我们竖起耳朵仔细聆听才听得到。当我们集中注意力在某事物上，我们必然忽略其他的事物，也就是说，当我们选择聆听某种有趣的声音，我们也选择过滤其他的声音。所有的"见"都是观察的过程，追根究底，所有的"闻"

第十一章

都是仔细聆听，所有的生命活动都是一种原始而不间断的好恶活动。

这个道理在人类的情爱关系中最明显不过。当女人真正是女人时，她那女性灵魂的深处必然有如睡美人，会在生命之林中等待着王子的亲吻来唤醒自己。她的灵魂深处不知觉地埋藏着预先形成的男性形象，这不是关于某个特定男人的特定影像，而是关于完美男性的普遍典型。同时，她总是宛如在睡梦中，梦游般地穿梭在男人之中，并不时比对她遇到的男性与自己心中那既存的偏好典型。

这种说法可以解释一切真正爱情关系中的两个现象。其一是一见钟情，每个女人都有可能在毫无中间过程的情况下，突如其来地燃起爱火，男人也是如此。如果她不是早就暗自迷恋、倾倒于那一直潜藏在她心中的完美男性形象，将很难解释这一切。其二是当一个女人发现自己深深坠入情网，她会觉得她的爱将永恒、永久持续、绝不凋谢，她还会觉得自己从很久以前就一直深爱着他，她的爱宛若来自她的神秘过往，来自无法度量的过去时间与不可言说的先前存在。

这种发自内心的永恒挚爱，显然并不是由她眼前刚出现的那个人导致的，这种挚爱乃是来自她心中关于男性的完美形象，那个形象像是某种预示般在她安静的灵魂中产生阵阵悸动,并终于实现在她眼前这个真实之人身上。

从这样极端的判准来看,我们可以说人类的生命活动就是不断预期,就是预先形成未来。一方面,我们对那些拥有我们喜好之特质的事物,总是特别敏锐地留意着;但另一方面,对那些不属于我们固有感官范围能触及的事物,即使它们拥有同样完美甚至更完美的特质,我们仍然会视而不见。未来总是最先映入眼帘,我们带着一颗充满渴望且专注的心紧抓住未来,唯有如此,未来的甜蜜精髓才会流入我们手中;而只有当我们对未来有所渴求与希冀,才会将目光移向当下与过去,期望在其中找到方法来满足我们对未来的渴望。未来总是领导者,而现在和过去总是宛如副手与士兵。我们的生命活动就是向未来迈进,而现在与过去总是带点哀伤,有些渺茫地在一旁支持与陪伴我们,现在与过去就像月亮为我们照亮夜晚的道路,它一步一步伴随我们,并在我们的肩头洒下微淡的友谊之光。

因此,从心理层面来说,最重要的关键并不是我们过去的一切,而是我们渴望的未来,也就是那些欲望、渴求、梦想与野心。不论喜欢与否,我们的生命都是彻底的未来主义。人类总是被梦想牵着鼻子走,这是一幅美丽且生动的画面,因为人的鼻子的确走在最前面,它是我们身上最先走入空间"彼端"(over there)的那部分,也总是预先行动并走在我们前面的那部分。

决定要这样做或那样做的决策过程，正是我们生命中充满自由气息的部分。我们一直在决定我们的未来，为了实现未来则必须仰赖过去，并好好利用那可以操控现实的当下，这一切都发生于"此刻"。其个中道理，在于未来并不只是单纯的未来（未来其实是可能的"此刻"），过去也不只是数百年前某人生活的一段时间（过去其实是"此刻"的前身）。你看到了吗？"此刻"就是我们的时代、我们的世界、我们的生命。"此刻"向前流动，时而平静、时而汹涌，有时像是和缓的小溪，有时又像是湍急的河流。当它穿越确切真实的大地，当它穿越那独一无二的真实世界与时间的同时，我们为它加上了数字，就像耶稣基督身后的纪元。我们把自己镶入其中，而它也为我们刻画出一整套不同的情境、危险、方法、便利以及种种可能性。由于这些特性，它限制我们做出各种决定的自由度，没有自由的决定，也会限制我们生命活动的动力，而这种受限的自由最后就变成了宿命。

"我们的时代塑造命运"，这绝对不只是一句口号而已。"当下"凝结并总述过去（其中包括了个体的过去与历史的过去），它是命运的一部分，而且是介入我们生命的那部分命运；从这个意义来看，生命总是带有一种命定的色彩和某种落入陷阱的迹象。只不过这个陷阱并不会扼杀我们，而是会为我们保留自由决定的一线生机，它总是允许每个人在强加于我们身上的情势之中做出优雅的选择，并锻造出美丽人生。所以，生命有一部分是命定，而另一部分是我们必须自己决定的自由，也因此，生命的本质可以说是一种艺术，而最能够体现这种命定中带有自由之艺术特质的，莫过于诗人受限于律韵的自由文藻。所有的艺术都代表对束缚及命运的妥协。尼采说："艺术家是戴着枷锁的舞者。"我们的命运就是当下这一刻，这并非是不幸，相反，这是一种快乐，正如雕刻刀遭逢大理石产生阻力时的那种快乐。

设想每个人都多花一点心力来关心他生命中的每一刻，设想每个人都多花一点努力来要求更多的生命雅致与张力；接着，为使每个人的生命更加完美与深刻，让我们加乘所有微小的压力，如果你仔细算，你会发现这个过程将无远弗届地丰富我们的生活，并为人类社会带来美妙无比的崇高价值。

这乃是最高层次的一种生活方式，它完全不同于那种宛如无人掌舵之船的缥缈生活。在这种最高层次的生活方式中，我们将发现每个当下都在面前流动，而且每个当下都带有它崭新的迫切性与重要性。

第十一章

我们不要认为命运限制了我们改进自我生活的机会，因为生命之美并不在于命运是否与我们站在一起，而在于接受挑战，并从命定的形式中活出崇高的形象，这其中的优雅，才是生命之美的所在。而现在，让我们将这一切分析汇整成清晰的公式吧，让我们看看生活的根本性质到底是什么。这些关于基本事实的概念，总是像胆怯小鸟般躲避我们，不让我们有机会理解它，而这种情形更促使它们被关进牢笼，那是一个由某种意义深长的名义而塑造成的牢笼，它让我们只能从牢笼的铁丝之间看见遭囚禁的概念。

我们知道，生活就是"决定我们未来是什么"的过程。海德格尔曾巧妙地说"生活就是'关切'（concern）"，也就是德文的"sorge"或拉丁文的"cura"，从此更拓展出治疗、攫取及好奇等其他概念。古西班牙文中，"关切"（cuidar）一词的意义等同于我们现在所谓的监护人、代理人或者灵魂的牧师。不过我比较喜欢以另外一个类似但不相同的词汇表达，在我看来，这才是比较精确的描述：生命就是"预先占有"（preoccupation），不只是在艰难的时刻如此，而是每时每刻如此；本质上来说，生活就是纯然的预先占有。生命的每个当下，我们都必须决定下一刻的行为，必须决定我们下一刻即将从事的生命活动。生活就是我们对未来的预期，就是预先占有自己。

然而，或许有些人不愿认同这种时时警戒的心境，他们会说："先生，你的说法只是一种文字游戏。我承认生活就是不断决定自己的未来,但是一般人都认为'预先占有'这个词带有某种焦虑与艰难的意义，因此，说生命是预先占有实在是太过严肃。当我们决定来这里，决定以这种方式在这里度过这段时间，我们并不会因为假装这是件严肃的事而获得任何益处。相反，正如你先前所说，生活中的绝大部分都在我们不注意的情况下流逝。如果这个词无法如实描述它要表达的意思，我们为什么还要使用这么沉重且充满感伤的字眼呢？值得庆幸的是，我们现在已不再受到那充斥着夸张与不切实际的浪漫主义的支配，我们要求每个人都要以简单、清晰、精确的方式说话，我们要求所有的话语都要如外科手术工具那般干净。"

我不知道为什么要假设有人会提出这种反驳。但事实上，知识分子是我唯一自我认可且充满热情的职业，对这样的我来说，这种巧妙的反驳乃是世界上最能让我感到愉悦的事。身为知识分子，我的唯一天命就是反驳和接受反驳，所以我很乐于听取这些反驳。我不只听取，我还尊重它；我不只尊重，我更恳求它。我总是知道如何在反驳中得到裨益。如果我们可以交相反驳，那么它终将带给我们胜利的快乐感受，我们也可以像射中红心的弓箭手般摆出胜利姿势。相反，如果这些反驳击倒并说服了我们，才更是最大的幸福。那是在康复时才体会得到的快乐，也是一种从梦魇中醒来时感受到的愉悦。我们会见证一个崭新真理的诞生，它的初生光芒让我们眼界大开。因此，我愿意接受如此反驳：干净、清晰与精确。它们也是我深深崇拜的神圣质性。

不过，当我受到攻击时（即使那是种假想的攻击），我必须拿出有效的武器进行抵御；就算我确信它们是干净的，我也无法保证它们能够完全不含粗糙。

那么，假设你们有些人并非通过事先计划而来到此处，而且这些人也没有对生活提出过任何质疑，如果说这就是人们的常态行为，而且心理学家的怀疑也没有办法让众人摆脱这种表象，我们或许就只能相信人们的常规生活的确缺乏预先计划。但是我必须问，如果这些人并不是因为预先计划或某些个人理由来到此处，那他们到底为何而来？答案只有一个：因为他们跟从其他人而来。

这就是人们未能"预先占有"或预先计划的秘密所在。当我们觉得自己无法在生活中"预先占有"未来，我们的生命活动就会毫无目标地四处漂浮，好像没有锚的浮标受到社会潮流的推扯。而这正是男人之所以平凡、女人之所以平庸的原因，换言之，这就是他们之所以会身为亿万凡夫之一的原因。对他们来说，生活就是臣服于众人的意见，就是接受各种风俗、偏见、习惯及规则；对他们来说，生活就是赋予这些东西生命，就是确保这些东西能够持续存在。这些人根本就是懦弱的动物，他们在哀痛或喜悦时发觉了自己生命中的重担，因此而感到忧虑恐惧，他们急于将自己肩上的负担推卸到所属的团体上，殊不知那负担正是他们生命的本质所在。换句话说，他们选择了"不去选择"。在他们无所谓的外表下，潜藏着一种不为人知的恐惧，他们害怕亲自解决那些由他们本身行为与情绪引发的问题，这是他们卑微的渴望：渴望能与他人一样，渴望能不要为自己的命运负责，渴望能在众人之中找到依赖。这是懦弱之人的理想世界，他们心中计划的，就是与别人做一样的事。

如果我们想要寻找一个类似太阳神之眼的比喻，让我们回想一下埃及人的葬礼仪式吧，他们相信人死后其灵魂会在另一个世界受到召唤，并在法庭中接受审判，其中最根本的正义判准就是测量心的重量。为了要瞒过审判、欺骗掌控生死的力量，埃及人安排殓师把死者的血肉之心换成铜或黑石制成的心；换句话说，他试着要换去他全部的生活。而这正是那些不愿选择未来之人所做出的行为，他们试着要换掉自己的存在，这就是他们魂牵梦萦的念头。由于人们无法逃避根本的生活，最谨慎、最好的方式就是强调它,以讽刺的手法突显它,有如莎士比亚笔下的泰坦尼娅(Titania)仙后在魔林中轻抚驴头时的优雅姿态。

各地不同的僧侣中,日本僧侣诅咒所有的世俗事物,他们称世界中纷扰无绪的一切为"迷雾世界"。我记得其中一位名叫一茶(Isa)的僧侣诗人曾写下一首简单的俳句:"迷雾世界就只是迷雾世界……然而……然而……让我们接受这个迷雾世界吧,让我们利用它来创造一个更完整的生活。"

编后记

何塞·奥尔特加·伊·加塞特，20世纪西班牙哲学、思想界的巨擘之一，于文学和哲学领域皆有深厚造诣，其著述丰富，内容涵盖面也十分广泛，哲学、历史、政治、文艺、教育等皆有涉猎，且见解独到。有人将他誉为"西班牙的陀斯妥也夫斯基"，法国存在主义作家加缪更是赞誉他为"继尼采之后欧洲最伟大的作家"。在哲学领域，加塞特有两本著作颇为知名，一本是他最主要的哲学著作《论莱布尼茨》，另外一本就是本书《哲学是什么》。

《哲学是什么》一书的雏形原是加塞特1929年在马德里大学一系列关于"哲学是什么"的演讲，一共十一讲，后应邀整理成册出版，是为何塞·奥尔特加·伊·加塞特对哲学和生命的追问，以一种不断逼近问题本质的思考一步步深入哲学的内核。此书文字虽成形于近百年前，但其阐释的哲学思想却并不落伍，直至今日，仍可置于广阔的底版上观之，寻得某些深刻的"功用"，他的思想及其述学文体对当代中国知识界也有一定的借鉴意义。

加塞特不仅以哲思见长，还是一名出色的散文家。他善用形象的比喻和幽默的反讽，文字极具艺术性与诗性，文学典故更是引用自如，这几乎也是他所有作品的一大特色。他口中的哲学不再只是难以理解的言辞与晦涩难懂的术语，没有过度的学究气和过多的专业用语。与我们日常相关的一切皆可成为他哲学的内容，优美随性、饱含情感的文字传达出深刻的哲理。

本书选用的是台湾商周文化出版公司译本，译者为台湾中正大学哲学硕士、达特茅斯学院心理与脑科学系博士、美国麻省理工学院博士后研究员谢伯让，对哲学与认知科学领域都有深入研究，译笔工整，贴合作者演讲稿的特点，相对完美地呈现了加塞特的所思所想。

由于大陆与台湾在语言习惯上存有一定差异，有些词汇语义大相径庭，行文风格也有明显不同。所以，从读者的角度出发，我们在处理译稿时对文稿做有一定的文字修订。比如文稿中出现的人名、地名和著作名等专有名词，我们依照中文简体版的通行译法和汉译作品名做了处理，并确保做到前后一致；针对词汇语义上的异同，也依照读者阅读习惯做有处理。在编辑过程中,我们希冀在保持原意、保留原味的同时,呈现一个精益求精、文质兼备且传播广泛的译本。

当然,在编辑过程中,一定还会有瑕疵和疏漏之处,如文稿中存有不妥之处,诚请各方指正批评。

出版者

2023 年 11 月

本作品中文简体版权由湖南人民出版社所有
未经许可，不得翻印。

图书在版编目（CIP）数据

哲学是什么 /（西）何塞·奥尔特加·伊·加塞特著；谢伯让译. -- 长沙：湖南人民出版社，2024.6

ISBN 978-7-5561-3442-7

Ⅰ.①哲… Ⅱ.①何… ②谢… Ⅲ.①哲学—通俗读物 Ⅳ.① B-49

中国国家版本馆 CIP 数据核字（2024）第 032379 号

哲学是什么
ZHEXUE SHI SHENME

著　　者：[西]何塞·奥尔特加·伊·加塞特
译　　者：谢伯让
出版统筹：陈　实
监　　制：傅钦伟
选题策划：长沙经笥文化
产品经理：杨诗文
责任编辑：张玉洁
责任校对：夏丽芬
装帧设计：林　林

出版发行：湖南人民出版社 [http://www.hnppp.com]
地　　址：长沙市营盘东路3号　　邮编：410005　　电话：0731-82683327
印　　刷：长沙艺铖印刷包装有限公司
版　　次：2024年6月第1版　　　　印　次：2024年6月第1次印刷
开　　本：880mm×1230mm　1/32　印　张：9.375
字　　数：155千字
书　　号：ISBN 978-7-5561-3442-7
定　　价：58.00元

营销电话：0731-82683348（如发现印装质量问题请与出版社调换）